Smart Skills

Antonio Muniz

Smart Skills

Descubra seus pontos fortes para uma carreira produtiva e feliz

BRASPORT

Rio de Janeiro
2024

Editor: Antonio Muniz

Produção editorial: Marina dos Anjos Martins de Oliveira

Diagramação: Rinaldo Mickus e Gleyce Roberta

Capa: Rinaldo Mickus

Dados Internacionais de Catalogação na Publicação (CIP) (Câmara Brasileira do Livro, SP, Brasil)

Muniz, Antonio
Smart skills : descubra seus pontos fortes
para uma carreira produtiva e feliz / Antonio Muniz.
-- Rio de Janeiro : Brasport Livros e Multimídia, 2024.

Bibliografia.
ISBN 978-65-6096-017-6

1. Carreira profissional - Administração
2. Carreira profissional - Desenvolvimento
3. Cultura digital 4. Dados - Análise
5. Desenvolvimento profissional 6. Performance
7. Produtividade do trabalho 8. Transformação digital I. Título.

24-216899 CDD-650.1

Índices para catálogo sistemático:

1. Desenvolvimento profissional : Administração de empresas 650.1

Aline Graziele Benitez - Bibliotecária - CRB-1/3129

BRASPORT Livros e Multimídia Ltda.

Rua Washington Luís, 9, sobreloja – Centro

20230-900 Rio de Janeiro-RJ

Tel./Fax: (21) 2568 – 1415

e-mails: marketing@brasport.com.br

vendas@brasport.com.br

editorial@brasport.com.br

www.brasport.com.br

Neste livro, você aprenderá como descobrir seus pontos fortes para conquistar uma carreira produtiva e feliz

Prefácio

Estamos vivendo em uma era onde o sucesso profissional e o pessoal dependem mais do que nunca da nossa capacidade de nos entendermos e de nos conectarmos profundamente com os outros. Quando o Muniz me convidou para escrever o prefácio deste livro, além, é claro, de me sentir honrado, fiquei empolgado pelo impacto que essa leitura poderá causar na vida de tantas pessoas. Sempre que estou lendo algum livro me esforço para imaginar o que estava na cabeça do autor, qual foi o processo que ele fez para transformar e estruturar seus pensamentos em palavras, e fico empolgado quando estou folheando as páginas. Sinto como se estivesse conversando com o autor e este livro é um exemplo disso. É com grande alegria e entusiasmo que apresento "Smart Skills". O livro chega em um momento importante, oferecendo uma abordagem prática e embasada cientificamente para o autoconhecimento e a gestão de relacionamentos. Podemos sentir em cada página o Muniz falando conosco – aliás, faço um desafio: procure por um vídeo ou *podcast* dele, memorize a voz e siga a leitura imaginando essa conversa com o próprio autor. Com certeza você irá aproveitar melhor essa jornada.

A Importância das pessoas

Uma das coisas que mais me instigou na leitura foi a importância dada às pessoas. Imagine um mundo onde todos reconhecemos e valorizamos nossas diferenças individuais, onde cada pessoa tem a oportunidade de brilhar em seu próprio ritmo e segundo seus próprios talentos. Em um mundo acelerado e repleto de desafios, colocar as pessoas em primeiro lugar é não só essencial, mas também transformador. Nossa capacidade de compreender e valorizar as nuances da personalidade humana pode transformar vidas, carreiras e organizações inteiras.

As pessoas de maior sucesso têm profundo autoconhecimento. Isso destaca a importância de ferramentas validadas para entender nossa personalidade e os fatores que nos movem. No entanto, reconhecer nossos traços é apenas o primeiro passo, precisamos também entender como nosso ambiente e experiências moldam quem somos e como podemos usar esse conhecimento para criar ambientes mais saudáveis e produtivos.

Reflexões pessoais

Ao longo de minha carreira, observei inúmeras vezes como a falta de autoconhecimento pode levar à infelicidade e até mesmo ao fracasso, tanto no âmbito pessoal como no profissional. Eu mesmo cometi alguns erros ao não considerar as particularidades das pessoas ao meu redor, desde impor expectativas baseadas em minhas próprias experiências até não compreender as diferenças fundamentais que moldam o comportamento humano. Lembro bem de uma *live* que fiz com o Muniz quando ele me perguntou sobre erros que cometi na minha carreira. Trouxe este exemplo, pois fiquei impressionado com a quantidade de mensagens que recebi de outras pessoas que passaram exatamente por essa situação. Aprendi que a empatia e a personalização são chaves para o sucesso, seja quando estamos planejando a carreira com alguém do nosso time ou quando estamos fazendo isso com nosso gestor.

Outro exemplo: minha tendência à amabilidade muitas vezes me levou a evitar conflitos, o que eventualmente resultava em problemas de relacionamentos no futuro – exatamente o que eu estava querendo evitar quando não escolhi uma situação que para mim era de conflito. Aprendi que encorajar as pessoas a trabalharem de acordo com seus pontos fortes pode transformar resultados e aumentar a satisfação no trabalho. Às vezes é melhor investirmos mais tempo sendo excepcionais naquilo que já somos fortes do que corrigirmos nossas fraquezas. Também percebi que, apesar de minha paixão por desenvolvimento e mentoria, é essencial respeitar o ritmo e os interesses individuais. Eventualmente o que desejo como crescimento e desafios para a minha carreira é exatamente o contrário do que alguém do meu time espera, como estabilidade e conforto.

Aplicações práticas

Este livro é mais do que uma coletânea de teorias. Ele é um guia prático para aqueles que desejam aplicar o autoconhecimento e as habilidades interpessoais em diversas áreas da vida. Se você for um estudante escolhendo uma carreira, um profissional em transição, um líder inspirando sua equipe, ou um pai orientando seus filhos, *"Smart Skills"* fornecerá insights valiosos para melhorar seus resultados e preservar sua saúde mental.

Ao compartilhar suas próprias vitórias e derrotas, Muniz nos mostra como podemos evitar erros semelhantes e maximizar nossos pontos fortes. Sua experiência em liderar equipes e colaborar com milhares de pessoas nos ensina que o verdadeiro sucesso vem de reconhecer e valorizar as diferenças individuais.

Sobre o autor

Gostaria de expressar minha profunda gratidão e honra pelo convite para escrever este prefácio. Muniz é, sem dúvida, um ser humano fantástico e generoso, cuja capacidade inexplicável de realizar milhares de coisas ao mesmo tempo é inspiradora. Acompanhei ele de perto em vários momentos de sua carreira e fico seguro em dizer que é um líder empático e carismático. Sua dedicação e habilidade em lidar com diversas situações fazem dele uma das pessoas mais influentes que já conheci. Tudo isso o torna a pessoa mais capaz para falar com propriedade sobre esse tema. Através deste livro, Muniz compartilha não apenas seu vasto conhecimento, mas também suas experiências e aprendizados, oferecendo uma visão sobre como podemos aproveitar nossos pontos fortes para alcançar resultados sem comprometer nossa saúde e nosso bem-estar.

Conclusão

O livro *"Smart Skills"* é uma jornada de descoberta e crescimento. Convido você a mergulhar nessas páginas com mente aberta e coração atento. Que este livro seja um catalisador para transformar não apenas sua vida profissional, mas também suas relações pessoais. Ao entender e aplicar os princípios aqui apresentados, você estará mais preparado para enfrentar os desafios do mundo corporativo, sempre colocando as pessoas em primeiro lugar.

Boa leitura, muito bem-vindo e bem-vinda a uma jornada transformadora. Se você acreditar, este é o tipo de livro que pode mudar sua vida.

Atenciosamente,

Thiago Trevisan

Diretor de Tecnologia e Experiência do Cliente da Comgás

“Smart Skills une a inteligência natural, técnica e adaptativa.”

Prefácio

Quem conhece os outros é sábio. Quem conhece a si mesmo é iluminado. *(Lao-Tsé)*

Começo este prefácio com uma frase que se conecta diretamente com a jornada que você está prestes a iniciar lendo este livro.

Vivemos um momento em que as mudanças acontecem cada vez mais rápido, as nossas habilidades ficam obsoletas num piscar de olhos e estamos o tempo todo nos reinventando, trabalhando o nosso emocional, a fim de que não sucumbamos à chuva de exigências impostas em cima da nossa personalidade e do nosso modo de agir.

A busca pela nossa melhor versão, seja no ambiente corporativo ou nas nossas relações interpessoais, traz uma carga de angústia e ansiedade muito grande quando não conseguimos equilibrar o que somos, o que pensam que somos e o que queremos ser.

No livro "Smart Skills" o autor Antonio Muniz nos brinda com uma leitura fácil, clara e rica em conteúdo rumo ao autoconhecimento.

A cada novo capítulo conseguimos entender de forma prática conceitos importantes que nos ajudam a reconhecer nossas características, lembrando que não há certo ou errado, e sim o que se adequa melhor a cada pessoa no ambiente onde ela se relaciona.

Vale destacar que passamos grande parte da nossa vida trabalhando e nos relacionando com os mais diversos tipos de pessoas. Somos responsáveis pelo impacto que vamos gerar na vida de cada uma delas.

Durante a minha trajetória de quase duas décadas desenvolvendo times de alta performance, aprendi que, mesmo com tantas ferramentas, pesquisas e testes aplicados para mapear as pessoas e suas habilidades, precisamos enxergar além do que estamos vendo.

Ter a sensibilidade de impulsionar o que cada um tem de melhor, apoiando genuinamente o seu autodesenvolvimento, e acima de tudo olhar as pessoas com a gentileza que gostaríamos que nos olhassem faz toda a diferença.

Destaco esses pontos porque durante a leitura você conseguirá ter clareza sobre os mais diversos perfis e a consciência de que somos seres humanos em constante evolução, onde aprender a conviver com as diferenças é fundamental.

Sugiro começar a olhar para si mesmo e a refletir se você está fazendo bom uso das suas potencialidades e se você está contribuindo com as pessoas e o ambiente em que se relaciona.

Como considerações finais, desejo que sua leitura seja prazerosa e reveladora. Tenha certeza de que cada página foi cuidadosamente escrita com o único objetivo de apresentar a você leitor a oportunidade de sair do automático e experimentar um mundo diferente e libertador: o do autoconhecimento.

Meu querido amigo Antonio Muniz, muito obrigada por me dar a honra de escrever este prefácio.

Você é exemplo vivo de que é possível realizar sonhos, unir pessoas incríveis em prol de um propósito e construir ambientes que potencializam o que há de melhor em cada um.

Continue fazendo a diferença na vida das pessoas!

Vanesa K. O. Bustamante
CIO – HDI Seguros & Gente que Gosta de Gente

“

Impulsione o que você tem de melhor...

”

Sumário

Introdução

Como usar Smart Skills do jeito certo?

Você já imaginou o quanto uma pessoa pode ser improdutiva e infeliz quando não conhece a sua personalidade e seus pontos fortes?

Pior ainda é usar uma ferramenta não validada pela ciência que indica uma personalidade contrária à situação real, não é?

Smart Skills une a inteligência natural, técnica e adaptativa para uma carreira produtiva e feliz.

Unindo ciência e experiência, usarei as seguintes definições no livro:

1. **Inteligência natural** é toda habilidade que você herda ao nascer, incluindo seus talentos e comportamentos automáticos. Investir em autoconhecimento o ajudará a identificar o que deveria ser priorizado em sua vida profissional.

2. **Inteligência técnica** é toda habilidade que você desenvolve na sua carreira ao longo da experiência profissional. Investir em aprendizado contínuo o ajudará a fazer bem feito o que precisa ser feito.

3. **Inteligência adaptativa** é a escolha de objetivos de vida aproveitando as suas inteligências natural e técnica. Investir em carreiras alinhadas aos seus pontos fortes o ajudará com reconhecimento profissional sem prejudicar a sua saúde mental.

Talvez você esteja se perguntando se é possível melhorar um traço de personalidade que esteja prejudicando a sua vida. A boa notícia é que não somos reféns do nosso DNA e podemos melhorar os aspectos de personalidade para gerar resultados positivos em nossa vida pessoal e profissional.

Não existe um consenso na comunidade científica sobre a influência da genética e do ambiente para o comportamento humano. Enquanto alguns estudos relatam 50% para cada lado, outros indicam que a genética pode ter até 65% de influência.

Embora a genética tenha um grande peso em nossa personalidade, destaco a seguir três conceitos comprovados com o que existe de mais moderno na ciência sobre a importância do ambiente em nosso comportamento:

1. **Neuroplasticidade:** esta habilidade permite que o cérebro se adapte a novas informações, experiências, lesões e mudanças no ambiente. A neuroplasticidade é fundamental para processos como aprendizagem, memória, recuperação de lesões cerebrais e desenvolvimento cognitivo. Com o avanço das técnicas de neuroimagem, como a ressonância magnética funcional (FMRI), cientistas comprovaram que o cérebro humano adulto é capaz de mudanças significativas.

2. **Desamparo aprendido:** ocorre quando uma pessoa cria a expectativa de impotência sobre as situações da vida após ser repetidamente exposta a situações adversas e incontroláveis, resultando em passividade e desistência mesmo quando tem a capacidade de mudar as circunstâncias. Esse conceito foi introduzido por Martin Seligman nos anos 1960 após inúmeras experiências com animais e pessoas.

3. **Epigenética:** estudos recentes sobre epigenética confirmam que o ambiente pode ativar a expressão dos genes ou deixá-los inativos por toda a vida. Já imaginou o quanto de genes adormecidos você ainda pode ter? (CENTER ON THE DEVELOPING CHILD AT HARVARD UNIVERSITY).

Mesmo com a forte influência da genética na personalidade humana, você já refletiu sobre a importância do ambiente para o seu comportamento? Podemos usar todo o poder da neuroplasticidade e da epigenética para mudar os nossos resultados, quando deixamos de ser vítimas do desamparo aprendido. **Pense no poder das lideranças para inspirar ou detonar vidas.**

Além da genética e do ambiente, você aprenderá, no início do Capítulo 1, o terceiro elemento que impacta fortemente na sua personalidade. Existem particularidades importantes sobre ela que você entenderá, visando não prejudicar sua saúde mental e a de quem está ao seu redor.

Já quero começar confessando que errei com muitas pessoas que passaram pela minha vida pessoal e profissional. Mesmo nunca tendo concordado com a perigosa frase **"se eu consegui, você também consegue"**, eu também tive, sem perceber, esse comportamento inadequado. A minha empolgação que me ajudou a alcançar ótimos resultados em diversas situações também me fazia pensar que poderia dar certo para outras pessoas, mesmo elas tendo pontos fortes diferentes dos meus.

A grande verdade é que somos iguais em vários aspectos e singulares em outros.

Você já parou para pensar que o gene humano é 99,6% igual ao do gorila, mesmo tendo infinitas diferenças?

Para que você evite cometer erros como os meus, reflita sobre algumas situações que vivenciei:

1. O meu traço da amabilidade me fazia deixar meus interesses de lado para evitar conflitos, mas eu perdia a razão quando chegava no meu limite com pessoas que pareciam se aproveitar da minha boa vontade.

2. Ficava decepcionado com algumas equipes que não entregavam os resultados combinados. As coisas melhoraram quando entendi que é papel da liderança incentivar responsabilidades alinhadas aos pontos fortes das pessoas.

3. Minha empolgação para ajudar especialistas e executivos a escrever livros, fazer palestras e criar a sua mentoria ou curso chegou a ser mais forte do que o momento de cada um.

4. Quase forcei meus filhos, Lucas e Luísa, a assumirem mais responsabilidades porque, quando eu tinha 12 anos, vendia picolé na rua e trabalhei em uma lanchonete dos 13 aos 19 anos, antes de começar meu primeiro estágio em eletrônica e informática.

5. Desentendimentos com minha esposa sobre arrumação da casa porque somos muito diferentes na faceta ordem referente ao traço da conscienciosidade.

6. O perfil de abertura para o empreendedorismo ficou adormecido durante anos na minha carreira porque eu ficava me segurando para evitar conflitos com a cultura organizacional. Por outro lado, tenho clareza de que nem todos querem empreender como faço atualmente, mas podem ser intraempreendedores.

7. Momentos de raiva pelo meu amado pai ter morrido no meu colo com ataque cardíaco, acelerado pela bebida alcoólica. Agora entendo melhor como a ciência da personalidade explica o quanto é difícil vencer um vício quando a genética e o ambiente jogam contra nós.

8. Não entendia a depressão da minha amada mãe, que faleceu por complicações causadas pelo cigarro. Após conviver com um chefe Thanos, precisei ir para o pronto-socorro duas vezes na mesma semana com ataque de pânico, após humilhações públicas que eram suportadas por todos para não parecerem "fracos".

9. Desconhecia o quanto o câncer é impactante para as famílias até chorar com meus filhos pequenos durante o tratamento devastador da minha esposa, que venceu essa doença assustadora.

10. Discriminava quem fazia musculação até entender mais a fundo o quanto a massa muscular é importante para nossa mente e o nosso corpo.

Após 20 anos liderando variadas equipes e colaborando com mais de 30 mil pessoas em dezenas de empresas e universidades, observei que um dos grandes aceleradores de carreira é aproveitar os nossos pontos fortes para gerar resultados com mais eficácia e manter a saúde mental.

Uma situação habitual na carreira é o uso de rótulos que limitam o nosso potencial sem necessidade. Por exemplo, muitas pessoas que elogiam a minha habilidade de comunicação em palestras e workshops ficam surpresas quando descobrem que a minha maior experiência profissional foi atuando com tecnologia da informação. Muitas pessoas também não entenderam por que escolhi o mestrado em administração após finalizar a graduação e pós-graduação em tecnologia. Sugiro que você também confie na sua intuição. No meu caso, agora as pessoas entendem o quanto foi importante o mestrado em administração para aprofundar o meu conhecimento no comportamento humano e para a minha capacidade de gestão de negócios atualmente como empreendedor.

O problema na descoberta dos talentos e pontos fortes é que existem inúmeras teorias de personalidade, assim como variados testes na internet que mais confundem do que ajudam. Outro ponto que merece destaque é que os testes mais populares, como DISC e MBTI, têm limitações que podem impedir o pleno entendimento da sua verdadeira personalidade.

Precisamos confiar minimamente que nossas atividades profissionais estão alinhadas com nossos talentos naturais e pontos fortes.

E, cá entre nós, eu fiz vários testes de personalidade (gratuitos e pagos), mas eles não me ajudaram muito porque sempre surgem perguntas dúbias e o resultado variava frequentemente.

A ciência da personalidade é um tema supercomplexo e multifatorial, por isso é de suma importância ter cuidado ao rotular as pessoas. O entendimento do comportamento humano é uma jornada contínua.

Aproveitando vitórias e derrotas, compartilharei os meus aprendizados com o que há de mais robusto na ciência da personalidade. Indico este livro para os seguintes perfis:

1. Pessoas que interagem com equipes multidisciplinares.

2. Estudantes que precisam escolher o curso de graduação.

3. Profissionais em busca de transição para novas carreiras.

4. Lideranças e executivos que precisam inspirar equipes.

5. Times de desenvolvimento de software que dependem cada vez mais da interação entre equipes variadas.

6. Agilistas e gerentes de produto que já entenderam que a entrega de valor é mais importante do que os métodos ou frameworks.

7. Pais e mães que buscam orientações para carreira dos filhos.

8. Professores interessados em destravar o que seus alunos têm de melhor.

Você não precisa ler dezenas de estudos científicos e livros técnicos para descobrir os seus pontos fortes, mas se tiver interesse em se aprofundar nos conteúdos, aproveite as referências destacadas na bibliografia.

Por outro lado, é importante reforçar que este livro não substitui uma consulta com psicólogo ou psiquiatra, caso você esteja passando por situações que impactam a sua saúde mental ou tenha necessidade de entender as suas particularidades após o aprendizado dos traços de personalidade.

Preciso também deixar claro que algumas verdades podem ser duras de ler neste livro. Minha sugestão é que você tenha a mente aberta para o aprendizado, mesmo que seja totalmente contra ao que você acreditou até o momento. Por exemplo, quem tem grau muito elevado em combatividade e neuroticismo terá uma tendência natural de não acreditar nos estudos científicos que apresento em cada traço de personalidade, mas também pode evoluir quando entender a situação real e aplicar a técnica que ensinarei no conteúdo bônus no final do livro.

Na Parte 1, você entrará em uma experiência de leitura que o fará refletir sobre a personalidade humana, o ambiente corporativo e os seus objetivos pessoais. Faremos isso analisando os testes mais populares de personalidade e aprofundando o porquê de o Big Five ser a ferramenta mais bem avaliada no âmbito científico. Também mostrarei os dez pilares essenciais para manter a saúde mental no ambiente corporativo, apresentando como a inteligência artificial exigirá cada vez mais habilidades de adaptação e colaboração nas empresas.

As partes 2 a 6 seguirão a seguinte estrutura:

1. Um capítulo que aprofunda cada faceta do respectivo traço de personalidade para gerar reflexão sobre quem é você.
2. Um capítulo com as profissões mais indicadas para o respectivo traço de personalidade.
3. Um capítulo com histórias reais da minha carreira para você aprender como acertei e errei em minhas iniciativas quando não tinha o conhecimento correto sobre a ciência da personalidade.

Na parte 7, apresento as oportunidades e ameaças para sua carreira ao misturarmos diferentes traços de personalidade na vida real.

Na parte 8 você terá acesso gratuito a aulas que gravei com uma técnica que comprova a sua singularidade. Em vez de indicar um formulário com várias perguntas que geram dúvidas, decidi explicar como você pode aplicar o conhecimento do livro considerando as suas particularidades.

Em resumo, você encontrará neste livro a soma de ciência comprovada e minhas experiências convivendo com pessoas em variadas situações, tais como cursos, mentoria, palestras, equipes multidisciplinares, lideranças executivas, conselheiros e empresários.

'Bora começar?

PARTE 1

A ciência da personalidade e a saúde mental empresarial

O que você verá neste bloco?

1. *A personalidade, o ambiente e a singularidade*
2. *Limitações do DISC, MBTI, eneagrama e temperamento*
3. *Por que a ciência recomenda o Big Five?*
4. *Os dez pilares da saúde mental empresarial*
5. *O mundo da IA valoriza QA acima de QI e QE*

Capítulo 1

A personalidade, o ambiente e a singularidade

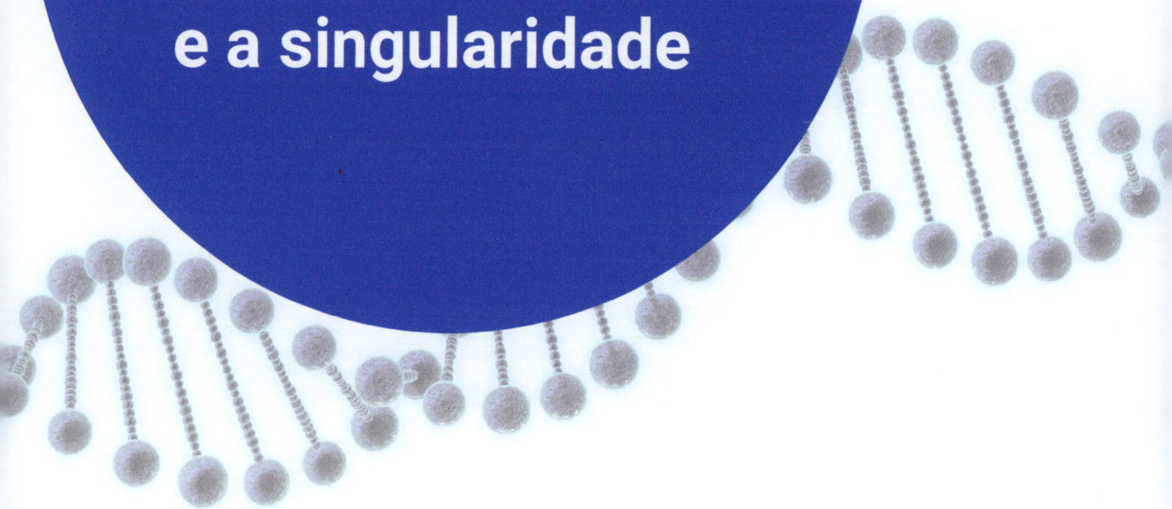

Você encontrará vários conceitos de personalidade na literatura científica. Na minha visão, **personalidade é o padrão individual de pensar, sentir e agir.**

Embora a genética tenha grande relevância para nossa singularidade, o ambiente onde as pessoas convivem também tem uma influência significativa no comportamento humano. Chegou o momento de mencionar um terceiro elemento que também tem influência nessa equação e tem ligação direta com os interesses mais profundos das pessoas: as nossas metas de vida são o terceiro componente que influencia diretamente o comportamento.

A união desses três elementos contribui para o que é chamado de traço livre por Brian Little (2008), um dos maiores especialistas em comportamento humano do mundo.

Os traços livres são padrões de conduta fora da personalidade natural para promover projetos com os quais uma pessoa se preocupa profundamente.

Os traços livres surgem da interação de três fontes (LITTLE, 2008):

1. **Biogênicas:** influências genéticas que podem operar sem a nossa consciência.

2. **Sociogênicas:** normas do ambiente que também podem operar sem a nossa consciência.

3. **Idiogênicas:** metas que as pessoas perseguem e operam com algum grau de consciência.

O perigo dos traços livres ocorre quando você realiza atividades contrárias à personalidade por muito tempo, porque isso drena a energia e prejudica a saúde mental. Por exemplo, eu não sabia o motivo do meu grande cansaço em projetos com pouca autonomia, mas agora tenho clareza de que meu alto grau do traço abertura faz com que eu me sinta mais à vontade com inovação e várias iniciativas simultâneas nas minhas empresas e na Jornada Colaborativa.

Talvez você esteja se perguntando novamente: qual o impacto do ambiente na sua vida? No excelente livro "Força de vontade não funciona" (HARDY, 2018), o autor reforça que o ambiente em que vivemos é o fator mais determinante para conquistar nossos objetivos. Destaco alguns aprendizados:

1. **A força de vontade é insuficiente:** como recurso limitado que não deve ser considerado a principal fonte de propulsão, depender

somente da força de vontade pode causar estresse e exaustão.

2. **O ambiente é decisivo:** nosso ambiente, tanto físico quanto social, tem uma enorme influência sobre nossas ações, comportamentos e hábitos. Se quisermos mudar nosso comportamento, precisamos começar mudando nosso ambiente.

3. **Crie um ambiente que apoie seus objetivos:** se você deseja adotar novos hábitos ou atingir metas específicas, crie um ambiente que apoie e incentive esses comportamentos. Isso pode significar eliminar distrações que levem ao adiamento ou se cercar de pessoas que compartilhem ou apoiem seus objetivos.

4. **Invista em si:** comprometer-se com a mudança requer investimento em si. Isso pode ser financeiro (por exemplo, comprar equipamento de ginástica para se exercitar em casa, contratar um mentor para acelerar seus resultados) ou de tempo (dedicar um horário específico do dia para a prática de uma habilidade).

5. **Decisões claras e definidas:** a força de vontade é muitas vezes exigida quando precisamos decidir algo. Eliminar a necessidade de tomar decisões constantes, planejando refeições ou definindo uma rotina diária, pode liberar a força de vontade para tarefas mais importantes, por exemplo.

Você deve escolher bem suas companhias porque realmente somos a média das pessoas com quem nos relacionamos com mais intensidade. Observe como o seu filho repete o seu comportamento naturalmente. A gente não repete aquilo que as pessoas falam, mas o que elas fazem.

Não perca tempo querendo agradar os outros, mas também não seja a pessoa que atrapalha a vida das outras porque **a sua singularidade transforma vidas.**

Para você entender melhor a importância da minha frase, apresentarei as conclusões do livro "Antes de partir: os 5 principais arrependimentos que as pessoas têm antes de morrer" (2017), que foi escrito pela enfermeira Bronnie Ware com base na sua experiência de vários anos ajudando pacientes em estado grave e terminal:

1. **"Eu gostaria de ter tido a coragem de viver a vida que eu quisesse, não a vida que os outros esperavam que eu vivesse".** Essa foi a frase mais repetida pelas pessoas antes de morrer. A maioria não realizou nem metade dos seus sonhos e teve de morrer sabendo que isso aconteceu devido às decisões tomadas ou deixadas de lado.

2. **"Eu gostaria de não ter trabalhado tanto".** Essa frase era mais comum em homens que sentiam falta de ter vivido mais a juventude dos filhos e a companhia de seus familiares. As mulheres também falaram desse arrependimento, mas como a maioria era de uma geração mais antiga, muitas não tiveram uma carreira.

3. **"Eu queria ter tido a coragem de expressar meus sentimentos".** Muitas pessoas suprimiram seus sentimentos para não gerar conflitos, mas também nunca se tornaram quem realmente podiam ter sido. Muitas dessas pessoas desenvolveram doenças relacionadas à amargura e ao ressentimento.

4. **"Eu gostaria de ter ficado em contato com os meus amigos".** As pessoas ficam tão focadas em suas próprias vidas que deixam grandes amizades se perderem ao longo dos anos. A morte reforça a falta que os amigos fazem.

5. **"Eu gostaria de ter me permitido ser mais feliz".** As pessoas muitas vezes representam um papel para os outros e para si, quando, lá no fundo, querem rir de verdade e aproveitar as coisas bobas em suas vidas como faziam na infância.

É importante deixar claro que não podemos ficar limitados apenas pelas atividades que achamos "gostosinhas". Cuidado com a famosa frase "quero descobrir o meu propósito para brilhar", porque também passamos a gostar das coisas quando nos dedicamos e fazemos bem. Em outras palavras, faça bem feito o que você faz hoje até encontrar o seu propósito.

Antes da ferramenta bônus no final do livro, uma pista para você saber se está realizando atividades alinhadas com sua personalidade é quando você chega ao estado de flow. Mas o que é flow? Flow é quando você faz alguma coisa com tanta dedicação e com tanto interesse, tão bem e com tão alto desempenho, que você não percebe o tempo passar e não prejudica sua saúde mental. No livro "Flow" (CSIKSZENTMIHALYI, 2020), o autor aprofunda esse tema tão importante. Pense em quantas vezes você começou a fazer alguma coisa no seu trabalho, ou nas férias com seus amigos ou família, e o tempo passou tão rápido que você nem percebeu.

Por falar em livros, segue uma lista complementar que uso como base para aprofundar os temas relacionados com as Smart Skills e que podem ajudar você também:

1. "Mente afiada" (Sanjay Gupta).
2. "A revolução da glicose" (Jessie Inchauspé).
3. "Descubra seus pontos fortes 2.0" (Tom Rath e Gallup).
4. "A fábrica de cretinos digitais" (Michel Desmurget).
5. "Comporte-se" (Robert Sapolsky).
6. "Por que dormimos" (Matthew Walker).
7. "Dar e receber e Originais" (Adam Grant).
8. "Blink e Fora de série – Outliers" (Malcolm Gladwell).
9. "Antifrágil" (Nassim Taleb).
10. "O jogo infinito" (Simon Sinek).
11. "A história do corpo humano" (Daniel Lieberman).
12. "Corpo" (Bill Bryson).
13. "Cérebro: uma biografia" (David Eagleman).

14. "A voz na sua cabeça" (Ethan Kross).

15. "Sem limites" (Jim Kwik).

16. "O jeito Harvard de ser feliz" (Shawn Achor).

17. "Aprenda a ser otimista" (Martin Seligman).

18. "Sapiens e Homo Deus" (Yuval Noah Harari)

19. "Mestres da escala e Comece por você" (Reid Hoffman).

20. "As vantagens das adversidades" (Paul G. Stoltz e Erik Weihenmayer)

21. "O teste do marshmallow" (Walter Mischel)

22. "Sem esforço" (Greg Mckeown)

23. "A Crise do Conforto" (Michael Easter)

24. "Superintestino" (William Davis)

25. "Jovem para sempre" (Mark Hyman)

26. "A revolução dos músculos" (Dra. Gabrielle Lyon)

27. "Permissão para sentir" (Marc Brackett)

A minha experiência como professor universitário me inclina a aprofundar aspectos da ciência para ter mais robustez. No próximo capítulo você entenderá algumas limitações de técnicas populares para identificação da personalidade.

“A sua singularidade transforma vidas...”

Capítulo 2

Limitações do DISC, MBTI, eneagrama e temperamento

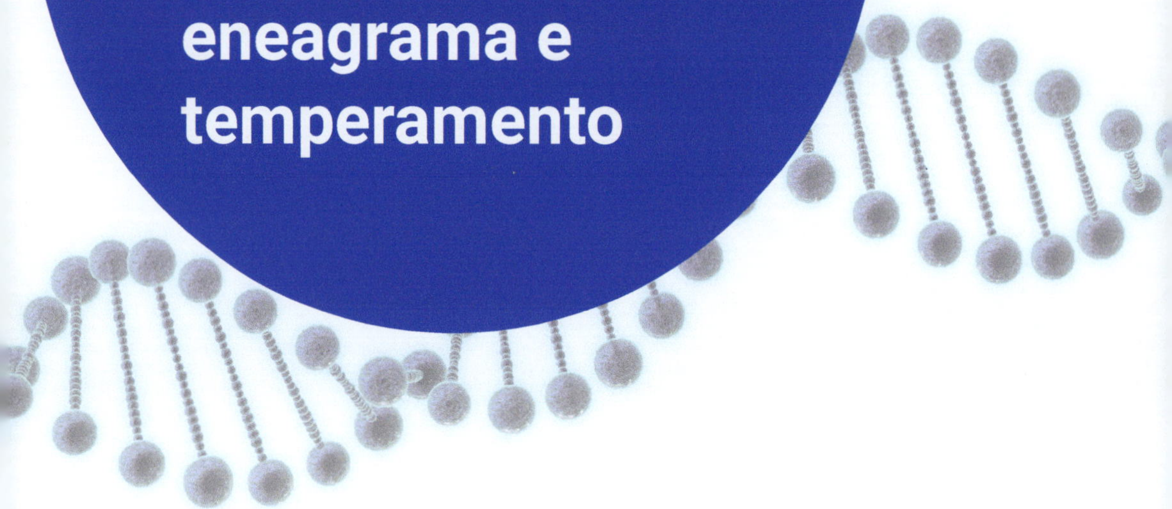

Em primeiro lugar, quero deixar claro que não é meu objetivo desmerecer os benefícios de outros métodos para avaliação da personalidade, principalmente porque já usei, em alguns momentos da minha carreira, as técnicas de perfil DISC e MBTI. É importante ressaltar que a psicologia da personalidade é um campo que está em constante evolução, e diferentes abordagens e ferramentas coexistem dentro desse domínio.

A técnica de perfil DISC, que se baseia na teoria dos quatro fatores de comportamento (Dominância, Influência, Estabilidade e Conformidade), é muito popular, mas tem sido objeto de debate na comunidade científica da psicologia. Algumas das principais limitações do DISC incluem:

1. Não ter evidências empíricas consistentes que sustentem sua validade e confiabilidade como uma medida precisa e abrangente do comportamento humano.

2. Poder ser excessivamente simplista e não capturar a complexidade e as nuances do comportamento humano, reduzindo as pessoas a meras categorias estáticas.

3. Algumas pesquisas sugerem que pode ter limitações na capacidade de prever o comportamento humano com precisão, especialmente em comparação com abordagens mais abrangentes, como o modelo *Big Five*.

A técnica de perfil MBTI (Indicador de Tipo Myers-Briggs) é muito aplicada nas empresas, mas também tem sido objeto de controvérsia e críticas na comunidade científica. Algumas das principais limitações do MBTI incluem:

1. Estudos científicos mostraram que os resultados do MBTI muitas vezes não são consistentes ao longo do tempo, o que levanta questões sobre a estabilidade e a confiabilidade da técnica como medida de personalidade.

2. Classificar as pessoas em categorias binárias (por exemplo, introvertido versus extrovertido) pode ser considerado uma simplificação excessiva da complexidade da personalidade humana, ignorando a natureza multidimensional dos traços de personalidade.

3. Assim como no DISC, algumas pesquisas sugerem que o MBTI pode ter limitações na capacidade de prever o comportamento humano com precisão, especialmente em comparação com abordagens mais amplamente aceitas, como o Big Five.

O eneagrama não é amplamente aceito pela ciência como uma técnica de personalidade confiável, principalmente por três motivos:

1. A maioria das abordagens científicas para avaliação da personalidade baseia-se em estudos empíricos específicos, testes de validação e confiabilidade. No caso do eneagrama, há uma escassez de evidências científicas que comprovem sua validade e confiabilidade. A falta de estudos controlados e replicáveis limita a facilidade do eneagrama no campo da psicologia.

2. A estrutura teórica do eneagrama é considerada vaga e subjetiva pela comunidade científica. A falta de uma fundamentação teórica sólida e consistente dificulta a validação do eneagrama como uma ferramenta de avaliação confiável.

3. Outro aspecto que compromete a repetição do eneagrama é a falta de consenso entre os praticantes e estudiosos dessa abordagem. Diferentes escolas e autores do eneagrama oferecem interpretações variadas e divergentes sobre os tipos de personalidade e suas características associadas, gerando confusão e inconsistência.

Existem três motivos principais para o teste de temperamento (Sanguíneo, Colérico, Melancólico ou Fleumático) não ser aceito pela ciência como uma técnica de personalidade confiável:

1. É baseada em teorias e conceitos que carecem de fundamentação científica robusta. Em psicologia, é essencial que as ferramentas de avaliação da personalidade tenham uma base teórica sólida e sejam atualizadas por evidências empíricas consistentes. A falta de suporte científico compromete a confiança e a confiabilidade da ferramenta de temperamento.

2. Para ser considerada uma técnica de personalidade confiável, uma ferramenta de avaliação deve demonstrar validade e confiabilidade em seus resultados. No caso da ferramenta de temperamento, há dúvidas sobre a precisão e consistência das categorias de temperamento usadas, bem como sobre a capacidade da ferramenta de fornecer resultados confiáveis e válidos em diferentes contextos.

3. A falta de consenso e padronização na definição e categorização dos temperamentos é outro aspecto que prejudica a acessibilidade da ferramenta de temperamento pela ciência. Diferentes abordagens e sistemas de classificação de temperamentos podem levar a resultados variados e inconsistentes, tornando difícil a comparação e interpretação dos resultados.

Como o meu objetivo neste livro é apresentar o que há de mais confiável na ciência da personalidade, seguiremos nos próximos capítulos com o *Big Five*.

“A ciência acelera a sua experiência...”

Capítulo 3

Por que a ciência recomenda o *Big Five*?

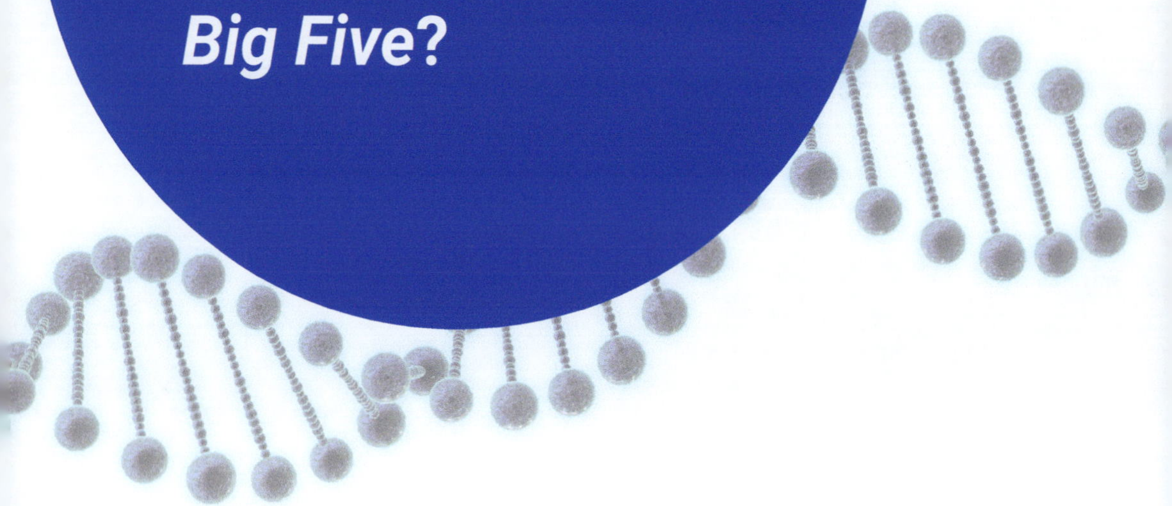

A teoria dos Cinco Grandes Traços ou Big Five teve suas raízes na década de 1960, quando pesquisadores começaram a explorar maneiras mais abrangentes de descrever a personalidade. O termo "Big Five" ganhou destaque na década de 1980 com Lewis Goldberg, que ajudou a popularizar e formalizar a teoria.

Os principais pesquisadores associados ao desenvolvimento e refinamento da teoria do *Big Five* incluem:

1. Warren Norman: foi um dos primeiros a identificar os cinco grandes fatores da personalidade em um estudo realizado na década de 1960.

2. Lewis Goldberg: contribuiu significativamente para a consolidação da teoria do Big Five, desenvolvendo instrumentos de avaliação e promovendo sua aceitação na comunidade acadêmica.

3. Paul Costa e Robert McCrae: desenvolveram o "Inventário de Personalidade NEO", que se tornou uma das medidas mais amplamente utilizadas para avaliar os traços do Big Five.

4. Brian Little: destacou a teoria dos traços livres que usarei para explicar em detalhes como você pode criar sua singularidade sem perder sua saúde mental (LITTLE, 2008).

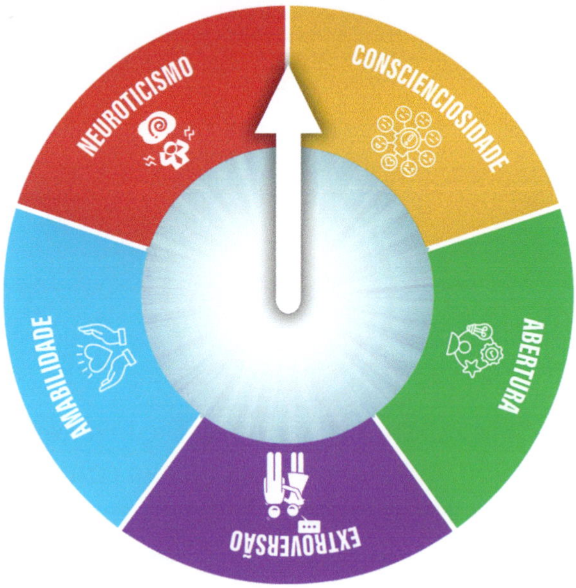

A teoria *Big Five* é amplamente aceita pela psicologia da personalidade por cinco motivos principais:

1. **Base empírica sólida:** a teoria do Big Five é fundamentada em décadas de pesquisa empírica e milhares de estudos científicos que demonstraram consistentemente a presença dos cinco grandes traços em diversas culturas e contextos.

2. **Universalidade:** os traços do Big Five são identificados em diferentes grupos demográficos e culturais, sugerindo serem universais e aplicáveis a uma ampla gama de indivíduos.

3. **Estabilidade ao longo do tempo:** estudos profundos mostraram que os traços do Big Five tendem a ser relativamente estáveis ao longo da vida adulta, fornecendo uma estrutura consistente para compreender a personalidade.

4. **Aplicabilidade prática:** os traços do Big Five se relacionam com uma variedade de resultados importantes, como desempenho acadêmico, satisfação no trabalho, saúde mental e sucesso interpessoal, tornando-os relevantes para aplicações práticas em diversas áreas.

5. **Ampla aceitação na comunidade científica:** a teoria do Big Five ganhou aceitação generalizada entre psicólogos e pesquisadores da personalidade, sendo frequentemente utilizada como base para estudos e pesquisas em diversas subáreas da psicologia.

Conforme veremos nos próximos capítulos, o Big Five descreve a personalidade com base nos cinco grandes traços do acrônimo OCEAN:

- **O**penness to experience (abertura a experiências).
- **C**onscientiousness (conscienciosidade, realização, disciplina).
- **E**xtraversion (extroversão).
- **A**greeableness (amabilidade, agradabilidade, socialização).
- **N**euroticism (neuroticismo, estabilidade emocional).

Cada traço possui seis facetas que representam um espectro no qual as pessoas podem se posicionar. Esse espectro ajuda na compreensão da personalidade de forma mais ampla. Essa teoria é muito utilizada em estudos psicológicos e pode fornecer insights valiosos sobre como as pessoas se comportam e interagem.

Embora existam variações do Big Five, como o Hexaco, que incluiu o traço de honestidade/humildade, e a abordagem dos pontos fortes do Gallup, decidi adotar os cinco traços porque possui uma base mais sólida e milhares de estudos científicos.

“O seu futuro começa hoje, não se prenda ao passado...”

Capítulo 4

Os dez pilares da saúde mental empresarial

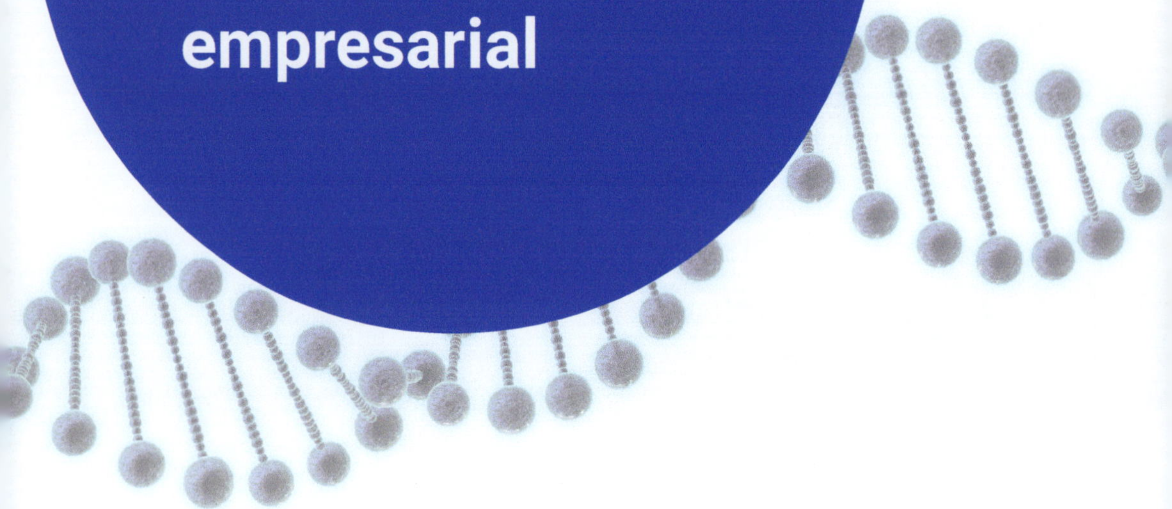

Devemos ter clareza de que a saúde mental vai além da ausência de doenças: ela deve criar condições para o verdadeiro bem-estar individual e coletivo. Na visão da Organização Mundial da Saúde (OMS), saúde mental é o estado de bem-estar que permite desempenhar habilidades, lidar com a complexidade da vida e trabalhar produtivamente, a fim de contribuir para sua comunidade.

A OMS divulgou, em 2022, sua maior revisão sobre saúde mental desde a virada do século. Esse estudo profundo tornou-se uma base importante para entender também o grande impacto da saúde mental nas empresas, visto que **existem, no mundo, quase 1 bilhão de pessoas com transtorno mental diagnosticável** (WORLD HEALTH ORGANIZATION, 2022).

A saúde mental é determinada por uma interação complexa de fatores individuais, familiares, comunitários e estruturais.

A saúde mental empresarial gera produtividade com felicidade.

Criei os pilares da saúde mental empresarial considerando o relatório da OMS, minha experiência de 20 anos liderando equipes multidisciplinares, pesquisas científicas sobre comportamento humano no meu mestrado, aulas com o professor Pedro Calabrez e estudos recentes dos livros que citei no Capítulo 1.

Considero que existem dez pilares da saúde mental empresarial:

1. Conhecer a sua personalidade.
2. Objetivos alinhados à personalidade.
3. Conexões humanas amigáveis.
4. Antifragilidade e experimentação.
5. Positividade realista.
6. *Hobbies* e lazer prazeroso.
7. Movimento e musculação.
8. Sono reparador.
9. Alimentação inteligente.
10. Espiritualidade.

Aprofundaremos os pilares: 1, 2, 3, 4 e 5 nos próximos capítulos e apresentarei no vídeo bônus no final do livro como faço para evoluir nos demais itens.

O clima organizacional tem ligação direta com a saúde mental das pessoas porque ele é influenciado por vários aspectos da cultura nas empresas, tais como pressão por resultados, assédio moral, tratamento injusto, líderes despreparados para lidar com pessoas etc.

Por exemplo, reflita sobre alguns estudos impressionantes sobre como a saúde mental pode afetar o mundo empresarial:

1. Com 264 milhões de pessoas sofrendo de depressão e ansiedade, a economia mundial perde todo ano 1 trilhão de dólares (ONU, 2022).

2. A cultura tóxica no trabalho está entre os cinco principais problemas de saúde (ROBINSON, 2023).

3. 76% dos funcionários tiveram burnout no local de trabalho (HEMPHILL, 2022).

4. O Brasil é o país com a maior população depressiva da América Latina, com 11,7 milhões de brasileiros impactados pela doença (CARVALHO, 2023b).

5. A depressão deve se tornar, nos próximos 20 anos, a doença que afeta mais pessoas no mundo, passando na frente do câncer e das doenças cardíacas (SBCM, 2009).

6. Uma em cada dez pessoas entre 5 e 24 anos vive com pelo menos um transtorno mental diagnosticável (ALPAÑÉS, 2024).

7. A ansiedade e a depressão representam 60% dos casos de doenças mentais (COSTA, 2023).

8. O Brasil tem a população mais ansiosa do mundo, com 9,3% dos brasileiros impactados. Em seguida, aparece o Paraguai (7,6%), Noruega (7,4%), Nova Zelândia (7,3%) e Austrália (7%). (CARVALHO, 2023a).

Como as empresas usam cada vez mais a tecnologia para ações que podem substituir as pessoas, as habilidades exclusivamente humanas terão um valor ainda maior para quem cuida da saúde mental. No próximo capítulo você entenderá melhor essa conexão.

Capítulo 5

O mundo da IA valoriza QA acima de QI e QE

Considerando que, a cada ano, o investimento mundial em inteligência artificial (IA) pode chegar a US$ 1,3 tri até 2032, muitas atividades humanas serão substituídas pela máquina em uma velocidade nunca vista antes na história (MUNIZ, 2023). O retorno dessa elevada cifra precisa gerar benefícios para as empresas com mais eficiência e inovação.

Contudo, existem também atividades exclusivamente humanas que serão cada vez mais valorizadas. O Fórum Econômico Mundial (World Economic Forum – WEF) publica relatórios periódicos sobre o futuro do trabalho, incluindo informações sobre as habilidades mais valorizadas no mercado de trabalho.

Embora cada versão do relatório "The Future of Jobs" apresente uma prioridade das habilidades humanas, destaco a seguir as recomendações que aprofundei no meu livro "Antifrágil 10X" (MUNIZ, 2023):

1. **Resolução de problemas complexos:** a capacidade de identificar e resolver problemas desafiadores e não triviais é fundamental em um mundo em constante mudança e incerto.

2. **Pensamento crítico:** avaliar informações de maneira objetiva e analítica e tomar decisões informadas é uma habilidade valiosa em muitos contextos profissionais.

3. **Criatividade:** a capacidade de gerar ideias e soluções inovadoras é cada vez mais importante à medida que as organizações buscam se diferenciar e se adaptar às mudanças do mercado.

4. **Gerenciamento de pessoas:** liderar, motivar e desenvolver equipes é essencial para enfrentar os desafios organizacionais e promover a colaboração e a produtividade.

5. **Coordenação com os outros:** trabalhar efetivamente com outras pessoas, ajustando-se às suas ações e comunicando-se de maneira clara e eficiente, é crucial para o sucesso no ambiente de trabalho moderno.

6. **Inteligência emocional:** compreender e gerenciar as próprias emoções e as emoções dos outros é importante para construir relacionamentos, trabalhar em equipe e navegar em situações sociais complexas.

7. **Análise de dados e tomada de decisão:** a capacidade de analisar dados e tomar decisões informadas com base nessas análises é cada vez mais importante à medida que as organizações dependem mais de dados para orientar suas estratégias e operações.

8. **Orientação para o serviço:** conseguir identificar e atender às necessidades dos clientes fornecendo soluções eficazes é uma habilidade-chave em muitos setores.

9. Negociação: a habilidade de negociar efetivamente e chegar a acordos mutuamente benéficos é importante para construir relacionamentos e alcançar os resultados desejados.

10. Flexibilidade cognitiva: adaptar-se às novas informações e abordagens e ajustar o pensamento de acordo com diferentes contextos é fundamental em um ambiente de negócios em constante mudança.

Observou o quanto essas habilidades dependem dos traços de personalidade e aprendizado contínuo?

Caso você esteja se perguntando qual a relação das habilidades do Fórum Econômico Mundial com QI, QE e QA, observe o quadro a seguir:

Elemento	QI: Quociente de Inteligência	QE: Quociente Emocional	QA: Quociente de Adaptabilidade
Precursores	Alfred Binet e Théodore Simon	Peter Salovey, John Mayer, Daniel Goleman	Paul G. Stoltz
Definição	Capacidade intelectual	Habilidade emocional	Capacidade de adaptação
Foco	Raciocínio matemático e habilidades verbais	Autoconsciência, empatia e habilidades sociais	Flexibilidade, abertura a novas experiências
Medição	Testes padronizados	Questionários e inventários	Questionários e avaliações situacionais
Importância	Desempenho acadêmico e tarefas cognitivas	Relações interpessoais, liderança, resiliência emocional	Sucesso em ambientes dinâmicos, inovação, capacidade de lidar com mudanças

Vale destacar que o QI e o QE são muito importantes, mas como as mudanças no mercado do trabalho estão cada vez mais aceleradas, o QA se torna prioritário daqui para frente. Já percebeu que nem o maior "guru" pode garantir um plano perfeito sem adaptação contínua ao mercado?

Um bom exemplo da valorização do QA em relação ao QI e QE foi reforçado pela executiva Natalie Fratto no seu TED "3 ways to measure your adaptability and how to improve it". Especialista em aprovação de investimentos com experiência em gigantes como Silicon Valley Bank e Goldman Sachs, Fratto destacou os três segredos quando avalia o grau de adaptabilidade após se encontrar com 173 fundadores de startups:

1. Fazer perguntas "e se" para forçar o cérebro a praticar cenários variados, aproveitando o repertório atual e gerando novas conexões.

2. Desaprender convicções passadas com a mentalidade de iniciante.

3. Desenvolver a habilidade de investigação dos cenários ao seu redor.

As **pessoas com maior grau no traço abertura** terão mais facilidade com a adaptabilidade, mas todos podemos evoluir, lembra?

Agora que você entendeu um pouco mais sobre a ciência da personalidade, aprofundaremos as facetas nas próximas partes do livro, usando tabelas que detalham as características correspondentes a cada traço.

Também vou mostrar histórias reais que ilustram o impacto da personalidade no mundo corporativo, visando ajudar você a transformar uma ameaça em oportunidade.

O traço de abertura será o primeiro que aprofundaremos. 'Bora lá?

“Quem não se atualizar vai dançar...”

PARTE 2

Abertura x Previsibilidade

O que você verá neste bloco?

6 As seis facetas da abertura

Ideias
Fantasia
Estética
Ações variadas
Sentimentos
Valores

7 Impacto nas profissões

8 Histórias da minha carreira

Controlador de planilhas
Trabalho com governança
Empreendedorismo

Capítulo 6

As seis facetas da abertura

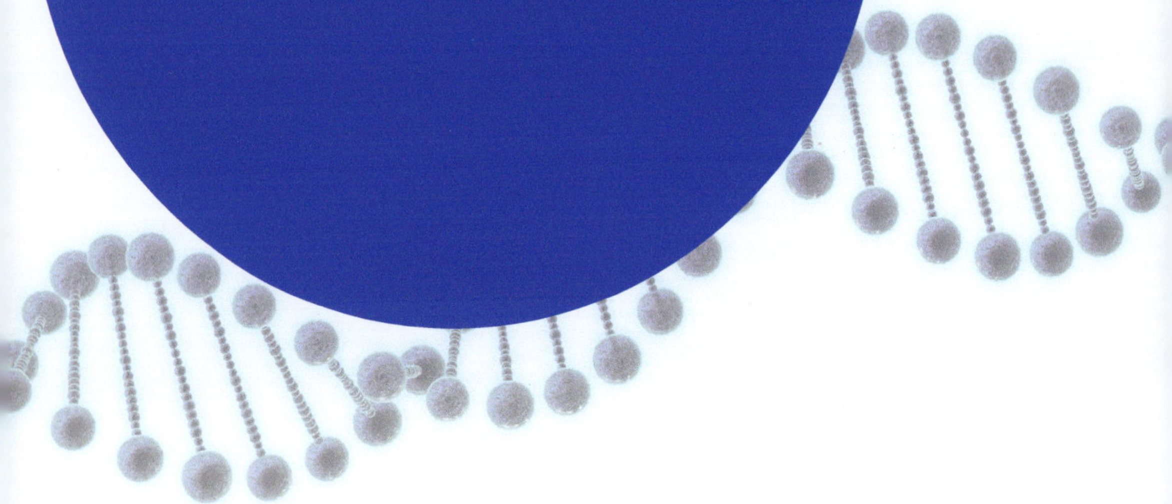

O **traço de personalidade da abertura é caracterizado pelas facetas: ideias, fantasia, estética, ações variadas, sentimentos e valores.** Lembrando que esses traços não são binários, ou seja, não existe "zero desse traço ou dez daquele traço". Temos traços de personalidade e isso que é legal sobre o autoconhecimento. Não dá para rotular as pessoas de um jeito ou de outro – você verá como as pessoas são e começará a respeitar a opinião alheia e, quem sabe, enxergará em quais profissões você pode se enquadrar melhor.

6.1. Ideias

As pessoas com baixo grau da faceta ideias consideram somente suas perspectivas, não dando muita abertura para outras opiniões ou mudanças. Elas são pouco abertas a reconsiderar suas crenças, principalmente se foram criadas por pais mais tradicionais com uma religião "x", visão "x" e política "x". Essas pessoas tendem a se fechar e evitam dar atenção para algo quando isso contradiz suas crenças. Acabam focando na polarização das ideias, considerando que o lado delas está sempre certo e que tudo tem que ser daquele jeito.

Já as **pessoas com alto grau da faceta ideias** são curiosas, exploram bem as circunstâncias da vida e estão abertas ao aprendizado contínuo. Essas pessoas são cada vez mais valorizadas no mercado de trabalho porque se abrem para o mundo, considerando múltiplas perspectivas, e têm mais facilidade de lidar com situações ambíguas e incertas.

Pessoas com baixo grau	Pessoas com alto grau
Preferem situações conhecidas	Curiosidade por novos conceitos
Pensamento fixo e tradicional	Pensamento flexível e criativo
Consideram sua perspectiva	Consideram múltiplas perspectivas
Pouco propensas a mudar crenças	Reavaliam crenças com novas informações
Desconforto com ambiguidades	Facilidade com complexidades
Resistência a novas ideias	Abertura para inovações
Preferem métodos estabelecidos	Experimentam métodos inovadores

6.2. Fantasia

As **pessoas com baixo grau da faceta fantasia** querem uma abordagem mais pragmática, são menos aventureiras e gostam de situações mais realistas.

Já as **pessoas com alto grau da faceta fantasia** têm uma imaginação vívida, são criativas, aventureiras e gostam de se expressar de formas originais. Geralmente são pessoas que se destacam por sua originalidade e novas perspectivas.

Pessoas com baixo grau	Pessoas com alto grau
Preferem realidade concreta	Imaginam cenários alternativos
Focam em fatos e dados	Focam em possibilidades e sonhos
São pragmáticas e realistas	São sonhadoras e visionárias
Evitam devaneios e fantasias	Frequentemente sonham acordadas
Preferem o tangível e palpável	Apreciam o abstrato e o simbólico
São menos propensas às fantasias	São altamente propensas às fantasias

6.3. Estética

As **pessoas com baixo grau da faceta estética** têm pouco interesse em estímulos estéticos e preferem padrões mais tradicionais ou convencionais.

Já as **pessoas com alto grau do traço da abertura da faceta estética** gostam de beleza, arte, museus, contemplar a natureza etc. São pessoas que buscam experiências que valorizam originalidade, sendo muito visuais.

Pessoas com baixo grau	Pessoas com alto grau
Têm pouco interesse por arte	Têm alta apreciação pela arte
Preferem ambientes funcionais	Preferem ambientes esteticamente agradáveis
Têm pouca sensibilidade estética	Têm alta sensibilidade estética
Focam na utilidade prática	Focam na beleza e harmonia
Não se interessam por design e estilo	Têm interesse por design e estilo
Preferem simplicidade visual	Preferem complexidade visual
Têm pouca valorização da estética	Têm alta valorização da estética

6.4. Ações variadas

As **pessoas com baixo grau da faceta ações variadas** gostam de previsibilidade e preferem atividades rotineiras.

Já as **pessoas com alto grau da faceta ações variadas** adoram fazer várias coisas ao mesmo tempo e iniciar vários projetos. Esse pode ser um problema quando se perde o foco e atrapalha a conclusão das iniciativas.

Se você tiver pessoas que somente iniciam as coisas variadas e têm muita criatividade, pode faltar acabativa. Agora, se você tem apenas pessoas que querem executar, terminar e continuar as coisas, pode acabar faltando criatividade para a inovação.

É importante ter um equilíbrio muito forte nas equipes, com times multidisciplinares.

Pessoas com baixo grau	Pessoas com alto grau
Preferem rotinas fixas	Gostam de variedade nas atividades
Evitam mudanças frequentes	Buscam novas experiências
Sentem-se confortáveis com previsibilidade	Apreciam a imprevisibilidade
São resistentes a novas práticas	São abertos a novas práticas
Preferem procedimentos estabelecidos	Experimentam novos métodos
São menos flexíveis em ações	São flexíveis em suas ações
Evitam sair da zona de conforto	Frequentemente saem da zona de conforto

6.5. Sentimentos

As **pessoas com baixo grau da faceta sentimentos** se emocionam pouco, sendo muitas vezes classificadas como frias, pois quando você está falando sobre uma novidade, podem não vibrar junto. Devemos ter cuidado, pois essas pessoas podem não estar fazendo isso deliberadamente ou por maldade. Se você tem pessoas na equipe ou na família que não comemoram com você as coisas boas que acontecem, cuidado para não as julgar. Não necessariamente quer dizer que essas pessoas não estão felizes com os resultados.

Já as **pessoas com alto grau da faceta sentimentos** têm muita empatia pelos outros, são sensíveis e demonstram muita compaixão. Sensibilizam-se facilmente com peças de teatro, filmes e artes em geral.

Pessoas com baixo grau	Pessoas com alto grau
Têm pouca reflexão emocional	Têm alta reflexão emocional
Evitam explorar sentimentos	Gostam de explorar sentimentos
São menos conscientes das emoções	São altamente conscientes das emoções
Preferem lógica à emoção	Valorizam a experiência emocional
Têm pouca empatia emocional	Têm alta empatia emocional
Sentem desconforto com a vulnerabilidade	Sentem conforto com a vulnerabilidade
Evitam discussões emocionais	Apreciam discussões emocionais

6.6. Valores

As **pessoas com baixo grau da faceta valores** aceitam com mais facilidade as autoridades e o processo estabelecido.

Já **as pessoas com alto grau da faceta valores** questionarão as coisas, muitas vezes visando melhorias e inovação. Essas pessoas gostam de novidades e não se preocupam muito com o que aconteceu até ontem – elas querem melhorar e às vezes questionam autoridades, líderes e governos. Talvez pessoas com um grau muito alto de valores possam ter problemas se trabalharem em empresas mais tradicionais ou com chefes com baixo grau dessa faceta.

Se existem coisas que você prefere, como seguir um processo, respeitar o que já é definido e não questionar as autoridades, talvez você se encaixe mais em empresas tradicionais. Se você vai para uma empresa que quer transformar e mudar, você precisa transformar a sua cabeça para ser mais aberto às mudanças e dá para fazer isso acontecer.

Considere uma pessoa com baixo grau na faceta valores que gosta do político "A" e curte suas ideias no Instagram. O algoritmo cria uma bolha mostrando apenas o que a pessoa quer ver e perde-se a chance de aprofundar em qualquer reportagem relacionada a esses assuntos de maneira imparcial. Sugiro o documentário da Netflix "O dilema das redes" para se aprofundar esse tema tão importante.

Pessoas com baixo grau	Pessoas com alto grau
Preferem tradições estabelecidas	São abertas a novos valores
São resistentes a mudanças culturais	Apreciam diversidade cultural
São conservadores em crenças	São progressistas em crenças
Têm pouca flexibilidade com dilemas	Têm alta flexibilidade com dilemas
Preferem normas e autoridades	Questionam normas e autoridades
São menos tolerantes a diferenças	São altamente tolerantes a diferenças
Evitam debates sobre valores	Gostam de debater valores

“A criatividade jorra com o alto grau de abertura...”

Capítulo 7

Impacto nas profissões

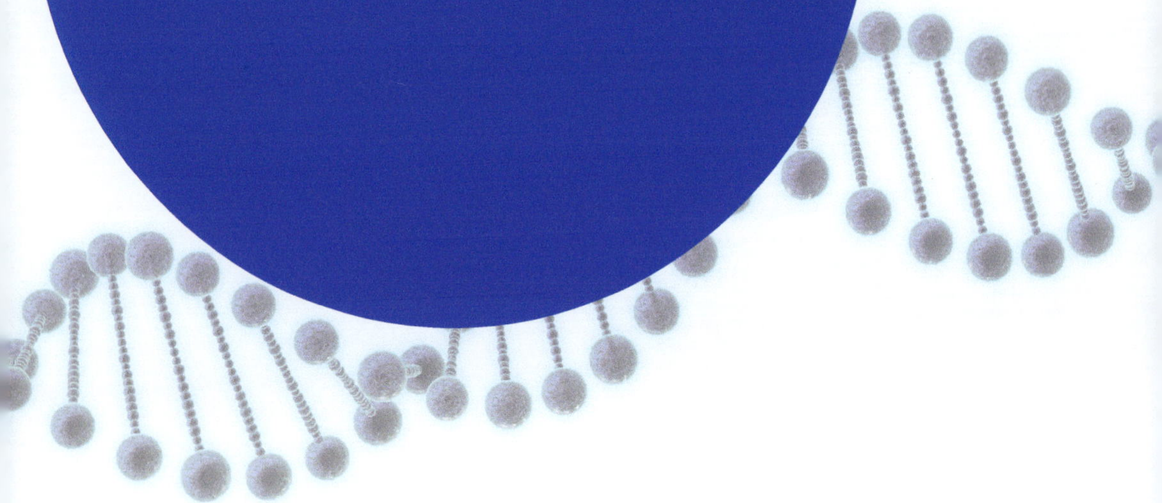

As **pessoas com baixo grau do traço da abertura** tendem a preferir rotinas estruturadas e familiaridade e podem se sentir mais confortáveis em profissões que exigem organização, atenção aos detalhes e segurança. Algumas profissões que podem ser mais indicadas para essas pessoas são:

1. Contador

O contador trabalha com números, registros financeiros e relatórios, seguindo normas e regulamentos bem definidos. A profissão exige precisão, atenção nos detalhes e aderência a procedimentos estabelecidos. Tudo isso é ideal para pessoas que preferem rotinas e estruturas claras.

2. Auditor

O auditor revisa e verifica os registros financeiros e operacionais para garantir conformidade com leis e regulamentos. A profissão requer um alto nível de organização e um enfoque meticuloso. Essas características são compatíveis com baixo grau de abertura.

3. Engenheiro civil

O engenheiro civil trabalha em projetos de construção e infraestrutura que seguem padrões e códigos rigorosos. A profissão envolve planejamento detalhado e execução precisa, com menos espaço para improvisação ou criatividade, o que é adequado para pessoas com baixo grau de abertura.

4. Técnico de laboratório

O técnico de laboratório realiza testes e análises seguindo procedimentos padronizados. A profissão exige precisão e consistência, com pouca variação nas tarefas diárias, o que é ideal para indivíduos que preferem um ambiente de trabalho previsível.

5. Analista de dados

O analista de dados trabalha com grande volume de informações, aplicando métodos estatísticos e algoritmos para extrair insights. A profissão requer um enfoque analítico e sistemático, com menos necessidade de criatividade ou inovação constante.

6. Administrador de sistemas

O administrador de sistemas gerencia e mantém redes de computadores e sistemas de TI, garantindo que funcionem de maneira eficiente e segura. A profissão envolve seguir procedimentos estabelecidos e resolver problemas técnicos, o que é adequado para pessoas com baixo grau de abertura.

7. **Gerente de projetos**

O gestor de projetos planeja, executa e finaliza projetos de acordo com prazos e orçamentos definidos. A profissão exige habilidades de organização e aderência a metodologias específicas, com menos espaço para improvisação.

8. **Advogado corporativo**

O advogado corporativo lida com questões legais relacionadas a empresas, incluindo contratos, conformidade e regulamentações. A profissão requer um entendimento profundo das leis e uma abordagem meticulosa, com menos necessidade de criatividade.

9. **Especialista em conformidade (compliance)**

O especialista em conformidade garante que as empresas sigam todas as leis e regulamentos aplicáveis. A profissão envolve monitoramento constante e aderência a normas, o que é ideal para pessoas que preferem estruturas claras e previsíveis.

10. **Operador de controle de qualidade**

O operador de controle de qualidade inspeciona produtos e processos para garantir que atendam aos padrões estabelecidos. A profissão exige atenção nos detalhes e aderência a procedimentos rigorosos, com pouca variação nas tarefas diárias.

Já **as pessoas com alto grau do traço da abertura** são criativas, curiosas e abertas a novas experiências e podem encontrar satisfação em profissões que valorizem a inovação, a comunicação e a exploração de ideias.

Algumas profissões que podem ser mais indicadas para essas pessoas são:

1. **Designer gráfico**

O designer gráfico trabalha com a criação de visuais atraentes para mídias impressas e digitais. A profissão exige um alto nível de criatividade, imaginação e a capacidade de gerar novas ideias, tornando-a ideal para pessoas com alto grau de abertura.

2. Escritor

O escritor cria conteúdo para livros, artigos, roteiros e outras formas de mídia. A profissão requer uma imaginação vívida, habilidade de explorar novos conceitos e uma sensibilidade estética, além de permitir a expressão de sentimentos e valores pessoais.

3. Arquiteto

O arquiteto projeta edifícios e espaços, combinando funcionalidade com estética. A profissão exige criatividade, inovação e a capacidade de visualizar conceitos abstratos, além de considerar os valores culturais e sociais no design.

4. Cientista pesquisador

O cientista pesquisador explora novas fronteiras do conhecimento em diversas áreas. A profissão requer curiosidade intelectual, capacidade de pensar de forma abstrata e inovadora, e a abertura para novas descobertas e teorias.

5. Psicólogo

O psicólogo estuda o comportamento humano e ajuda as pessoas a lidar com questões emocionais e mentais. A profissão exige empatia, capacidade de entender e explorar diferentes perspectivas, e a abertura para novas abordagens terapêuticas.

6. Artista plástico

O artista plástico cria obras de arte usando diversos meios e técnicas. A profissão requer uma forte sensibilidade estética, imaginação e capacidade de expressar sentimentos e valores através da arte.

7. Diretor de cinema

O diretor de cinema cria e dirige filmes, combinando narrativa, visual e som. A profissão exige uma visão criativa, capacidade de contar histórias imaginativas e habilidade de explorar novas ideias e conceitos.

8. Chef de cozinha

O chef de cozinha cria pratos inovadores e experiências gastronômicas únicas. A profissão requer criatividade culinária, capacidade de experimentar novos ingredientes e técnicas e sensibilidade para sabores e apresentações.

9. Consultor de inovação

O consultor de inovação ajuda empresas a desenvolver novas ideias e estratégias. A profissão exige pensamento criativo, capacidade de visualizar e implementar mudanças e abertura para novas abordagens e tecnologias.

10. Músico/compositor

O músico/compositor cria músicas, explorando diferentes estilos e técnicas. A profissão requer uma forte sensibilidade estética, imaginação e capacidade de expressar sentimentos e valores através da música.

Capítulo 8

Histórias da minha carreira

Neste capítulo, contarei situações reais da minha carreira sobre o traço abertura para gerar reflexão e aprendizados para sua vida.

8.1. Controlador de planilhas

Eu tinha um colega que era excelente para trabalhos repetitivos, mas odiava qualquer mudança nas rotinas.

Se a gente combinava uma coisa, ele fazia superbem; mas se algo de diferente acontecesse, ele virava um monstro: esperneava, gritava e batia a porta. Hoje tenho mais clareza sobre o perfil dele. Na época parecia pessoal, como se ele não gostasse de trabalhar comigo. Se você conhece alguém na sua família ou no trabalho que, quando você pede para fazer algo diferente, fica com cara feia, reflita: essa pessoa pode ter um grau muito baixo de abertura e deve preferir coisas previsíveis.

Muitas vezes, as mudanças sugeridas poderiam melhorar o trabalho dessa pessoa e da equipe, até reduzindo custos, mas por ter um grau muito baixo de abertura, ela mostrava muita resistência e se prendia ao que foi combinado no primeiro momento.

Atualmente, esse tipo de pessoa tem muita dificuldade nas empresas, pois as coisas estão em constante mudança o tempo todo. A agilidade tem essa cultura de experimentação contínua, implantação contínua, Sprints frequentes etc. Precisamos aceitar as mudanças, não tem jeito. É importante saber que, quando pessoas têm baixo grau de abertura, elas podem se achar agredidas quando o combinado é mudado.

8.2. Trabalho com governança

Na minha atuação como Líder de Governança, atuei com trabalhos mais tradicionais que exigiam um foco maior em estruturas bem definidas, com pouca autonomia para inovar.

Contudo, no fundo, eu não estava feliz, porque tenho um alto grau de abertura. Talvez pessoas com grau de abertura baixo adorassem esse tipo de trabalho. Incorporei alguém que precisava seguir o processo e não percebia que eu era infeliz nesse trabalho. Ainda assim, recebi algumas promoções.

Este é um ótimo exemplo de como podemos gerar resultados mesmo nas atividades antagônicas aos nossos pontos fortes, mas o grande problema é que isso pode prejudicar a nossa saúde mental.

8.3. Empreendedorismo

Parece até brincadeira de criança, mas comecei minha carreira vendendo amendoim com meus irmãos aos 9 anos. O meu segundo "empreendimento" começou aos 12 anos vendendo picolé na rua, e precisei aprender a pegar ônibus sozinho, mas tinha o maior medo de me perder.

Mas a falta de autoconhecimento e o medo de não ter como pagar minhas contas me levaram a investir nos estudos e a criar uma carreira na área de tecnologia da informação. Foram mais de 20 anos em empresas, universidades e cursos, mas, lá no fundo, o meu sonho era ter o meu próprio negócio.

Resolvi retomar o meu sonho empreendedor e tenho sociedade atualmente em três empresas ligadas diretamente às minhas experiências com tecnologia, aulas e livros. A grande sacada é que você também pode aproveitar as suas atividades atuais e se comportar como intraempreendedor porque a sua carreira deve ser maior do que o seu emprego atual.

Claro que o empreendedorismo tem um lado desafiador. Você se torna responsável pelas pessoas que estão com você, deve pensar sempre em melhorar o produto, buscar novos clientes e estudar constantemente. No meu caso, estudei muito nos últimos anos estratégia, marketing, vendas, fiz cursos para conselheiro etc. Imagine se eu fosse limitado ao meu mestrado e às certificações que me ajudaram nas empresas em que trabalhei?

Isso é abertura: é estar sempre buscando e aprendendo coisas novas e querendo melhorar. A baixa abertura é se contentar com o conhecimento atual e querer se aposentar para depois viver os anos que restam.

Você acabou de entender como o traço da abertura, quando equilibrado, pode ser um grande aliado na adaptabilidade e inovação. Vamos agora explorar um traço igualmente importante em nossas vidas profissionais: a conscienciosidade, que tem ligação direta com autodisciplina e realização de metas.

PARTE 3

Conscienciosidade X Desordem

O que você verá neste bloco?

9 *As seis facetas da consciensiosidade*

Competência
Responsabilidade
Autodisciplina
Ponderação
Pontualidade
Ordem

10 *Impacto nas profissões*

11 *Histórias da minha carreira*

Projeto com apresentação executiva
De sedentário até meia maratona
Transição para agilidade e DevOps

Capítulo 9

As seis facetas da conscienciosidade

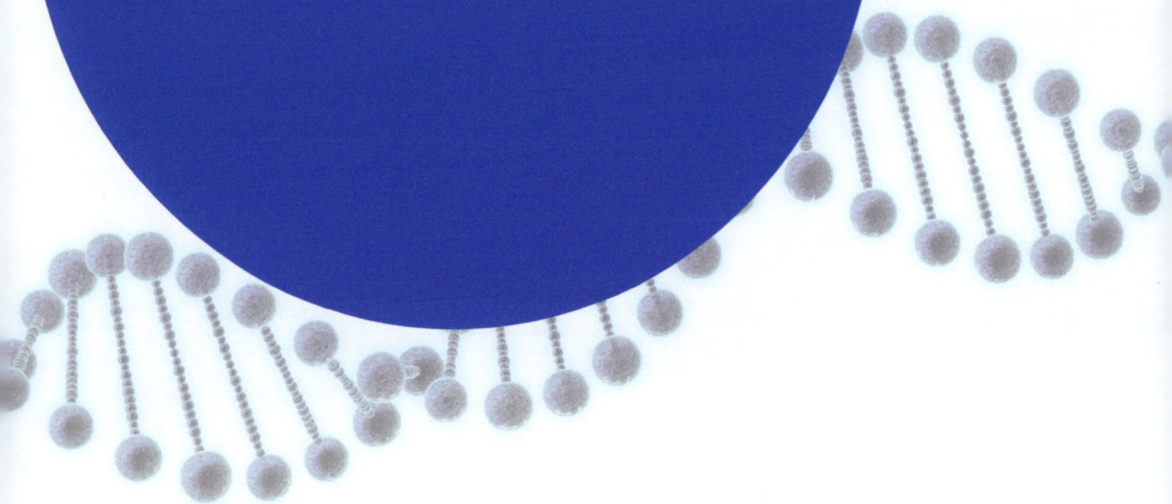

As pessoas com baixo grau do traço da conscienciosidade são pessoas "largadas". Elas não cumprem os prazos e não fazem aquilo a que se propuseram. Geralmente levam muito prejuízo em suas vidas por terem dificuldade em concretizar as coisas que começam.

Já as pessoas com alto grau do traço da conscienciosidade se comprometem, entregam resultados e cumprem prazos. A palavra conscienciosidade é chata de escrever e falar, mas vou usá-la, pois é a mais conhecida na tradução do *Big Five*.

9.1. Competência

As pessoas com baixo grau na faceta competência não têm confiança em suas habilidades para concretizar as iniciativas. É importante você refletir agora o quanto você tem essa dificuldade que impacta negativamente em sua carreira.

Já as **pessoas com alto grau na faceta competência** têm confiança em suas habilidades para concretizar as iniciativas.

Quando falo em competência, também quero dizer que você precisa se preparar para ser ótimo naquilo que faz. Percebe que a competência tem a ver com gerar confiança com a sua própria palavra? As pessoas confiam no que você promete porque sabem que você consegue entregar um bom resultado. Mas, para isso, você tem que se preparar.

Pessoas com baixo grau	Pessoas com alto grau
Sentem-se menos capazes e preparadas	Sentem-se competentes e bem preparadas
Duvidam de suas habilidades	Confiam em suas habilidades
Evitam tarefas desafiadoras	Buscam tarefas desafiadoras
Desistem facilmente diante de obstáculos	Persistem diante de dificuldades
Menos propensas a desenvolver novas habilidades	Buscam aprimorar suas competências
Menos confiantes em suas decisões	Confiantes em suas escolhas e julgamentos
Tendem a procrastinar	Agem de forma proativa
Menos organizadas e eficientes	Altamente organizadas e eficientes
Menos comprometidas com seus objetivos	Comprometidas com suas metas
Menos propensas a assumir responsabilidades	Assumem responsabilidades com facilidade

9.2. Responsabilidade

As **pessoas com baixo grau na faceta responsabilidade** são pessoas que têm dificuldade com prazo. E é muito importante que você olhe para dentro de você e reflita se você se reconhece como alguém que tem dificuldade com prazo e dificuldade de cumprir sua palavra. Se gasta muita energia para fazer essas coisas, você tem que começar a ter mais cuidado, anotar em uma agenda, conferir diariamente o que você se comprometeu a fazer.

Já as **pessoas com alto grau na faceta responsabilidade** são cumpridoras de compromisso, se comprometem de maneira exemplar.

Elas cuidam das tarefas, são pontuais, se interessam por suas obrigações, se colocam à disposição e são rigorosas com prazos.

Sou privilegiado, pois costumo lembrar das coisas. É claro que erro ocasionalmente, mas dificilmente esqueço algo a que me comprometo, porque aquilo fica martelando na minha cabeça. Meu senso de responsabilidade costuma ser alto.

Se você tem alguém na sua equipe que descumpre prazo, converse com ela e a oriente a usar técnicas que a ajudem a lembrar dos compromissos para que ela consiga cumprir o combinado e ficará bom para todo mundo.

Pessoas com baixo grau	Pessoas com alto grau
Esquecem compromissos	São cumpridores de compromissos
Têm falta de comprometimento	Têm comprometimento exemplar
Têm desleixo com tarefas	Cuidam das tarefas
Têm falta de pontualidade	Têm pontualidade rigorosa
Têm desinteresse por obrigações	Têm interesse por obrigações
Têm descuido com prazos e metas	São rigorosas com prazos e metas

9.3. Autodisciplina

As **pessoas com baixo grau na faceta autodisciplina** normalmente travam em qualquer obstáculo e não conseguem entregar os resultados esperados para elas mesmas nem para os outros que estão ao seu redor.

Existem dois tipos de motivação:

- **Intrínseca:** aquela que vem de dentro para fora e não depende de ninguém para existir. Você faz as coisas porque você quer fazer.

- **Extrínseca:** quando uma pessoa sabe que, ao fazer tal atividade, será reconhecida, terá promoção, não perderá o emprego e assim por diante.

Então, essas pessoas dependem da motivação externa.

Já as **pessoas com alto grau na faceta autodisciplina** se motivam sozinhas, têm forte autocontrole e consistência em seus hábitos. Elas geralmente se dão bem na vida porque sabem o que têm que fazer e não precisam de ninguém cobrando o tempo todo. São pessoas que têm foco intenso nas tarefas e persistem diante dos desafios.

Pessoas com baixo grau	Pessoas com alto grau
Procrastinam frequentemente	Realizam tarefas imediatamente
Têm dificuldade em manter rotinas	Mantêm rotinas rigorosamente
Têm facilidade em se distrair	Têm foco intenso nas tarefas
Desistem facilmente de desafios	Persistem diante de desafios
Têm pouca motivação intrínseca	Têm alta motivação intrínseca
Têm falta de controle pessoal	Têm forte controle pessoal
Têm inconstância em hábitos	Têm consistência em hábitos

9.4. Ponderação

As **pessoas com baixo grau na faceta ponderação** agem impulsivamente. Às vezes isso pode ser bom, mas também às vezes pode ser ruim. Eu já conquistei muitas coisas na vida nas quais não tive muita ponderação. Foi bom, mas também já quebrei a cara pelo baixo grau de ponderação.

Já as **pessoas com alto grau na faceta ponderação** refletem muito antes de agir, tomam decisões bem pensadas e fazem um planejamento cuidadoso. Se você se identifica com isso, tome cuidado para não se tornar perfeccionista. Lembre-se de balancear essa faceta de ponderação.

Dependendo do impacto da sua escolha, você terá que ponderar mais ou menos. Agora, não existe a possibilidade de você ter todas as respostas antes de tomar a decisão. Não faça isso, senão você ficará travado e não tomará decisão nenhuma.

Pessoas com baixo grau	Pessoas com alto grau
Agem impulsivamente	Agem ponderadamente
Têm pouca reflexão antes de agir	Refletem antes de agir
Tomam decisões precipitadas	Tomam decisões bem pensadas
Têm falta de planejamento	Têm planejamento cuidadoso
Reagem emocionalmente	Reagem racionalmente
Têm pouca análise de consequências	Fazem análise detalhada de consequências

9.5. Pontualidade

As **pessoas com baixo grau na faceta pontualidade** tendem a ser desleixadas com horários e cumprimento de agendas. Por isso, cuidado com a agenda, com a pontualidade. E vou dar uma dica de ouro. Quando você se comprometer com alguém e não cumprir, já chega pedindo desculpas verdadeiras, entende? Não só para cumprir tabela, porque a gente percebe quando a pessoa está sendo sincera ou não. Às vezes a pessoa ficou doente, teve algo fora do esperado ou se esqueceu – essas coisas acontecem.

Já as **pessoas com alto grau na faceta pontualidade** são reconhecidas como cumpridoras das agendas e confiáveis. Trabalhe para ter alto grau de pontualidade, mesmo que não seja o seu traço natural.

Pessoas com baixo grau	Pessoas com alto grau
Estão frequentemente atrasadas	São sempre pontuais
Têm desorganização com horários	Têm organização com horários
Têm pouca responsabilidade com tempo	Têm alta responsabilidade com tempo
Têm falta de compromisso com prazos	Têm compromisso rigoroso com prazos
Têm desrespeito com agendas	Têm respeito com agendas

9.6. Ordem

As **pessoas com baixo grau na faceta ordem** tendem a ser mais desorganizadas.

Falando da desordem, no meu caso, minha esposa me ajuda muito. Organizamos o escritório, mas comprei mais livros. Tenho um "caminhão" de livros aqui e já baguncei tudo. Estava tudo muito organizado, ela me ajudou. Então, eu preciso gastar mais energia para me organizar sozinho porque não sou tão organizado naturalmente.

Já as **pessoas com alto grau na faceta ordem** são muito organizadas e têm estrutura menos flexível na rotina.

E quando você mistura um marido com baixo grau na faceta ordem e uma esposa com alto grau nessa faceta?

Minha esposa me cobra muito isso e ela tem razão na maioria das vezes. Ela tem alto grau da faceta ordem e eu tenho baixo. Imagina o nosso conflito? Muito conflito. E nós dois temos que ceder. Ela não precisa ser perfeita na ordem e eu não preciso ser péssimo na ordem. Entendeu o balanço?

Então, pense nisso. Se você se relaciona com alguém que tem um alto grau da faceta ordem e você tem baixo, vocês terão conflito, mas vocês precisam se somar e se ajudar. E eu tenho feito muito isso em casa. Aprendi com o tempo. Eu brigava muito mais com isso.

Pessoas com baixo grau	Pessoas com alto grau
Têm espaços desorganizados	Têm espaços organizados
Têm dificuldade em manter arrumação	Têm facilidade em manter arrumação
Perdem itens frequentemente	Raramente perdem itens
Fazem as tarefas sem organização	Fazem as tarefas de maneira organizada
Têm pouca estrutura na rotina	Têm estrutura na rotina
Têm bagunça constante	Têm limpeza constante
Têm desorganização pessoal	Têm organização pessoal

Capítulo 10

Impacto nas profissões

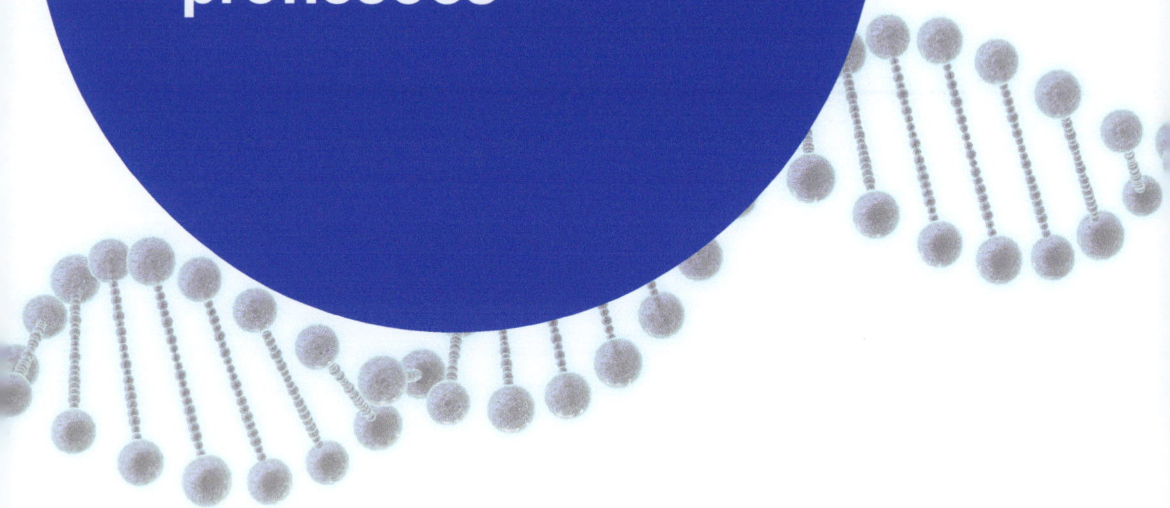

As pessoas com baixo grau do traço da conscienciosidade correm um grande risco de serem reconhecidas nas empresas como profissionais que não concretizam as suas iniciativas.

Você aprenderá nesse capítulo como melhorar mesmo tendo baixa consciensiosidade.

Contudo, antes preciso dar uma dica adicional. Toda profissão será beneficiada por quem tem um grau satisfatório da faceta conscienciosidade, porque ninguém gosta de lidar com pessoas que não são confiáveis. Imagina se você combina de ir ao cinema e a pessoa não vai ou chega atrasada? E se você marca um jantar e a pessoa atrasa uma hora? Essas coisas não são nada legais. Atraso é bem-vindo para a noiva na hora do casamento e olhe lá!

Algumas profissões que podem ser mais indicadas para essas pessoas são:

1. Artista

O artista tem que ter um alto grau de abertura, que já comentamos, mas ele não precisa ter tanta conscienciosidade, porque ele pode ser menos focado nos detalhes em relação a prazo e em relação a ficar limitado àquele trabalho. Ele é mais aberto. Ele precisa de mais criatividade e flexibilidade e muitas vezes a desordem ajuda. A criatividade e a flexibilidade são essenciais e a desordem pode até ser uma fonte de inspiração.

2. Músico

O músico tem que ter uma abordagem livre para fazer as coisas. Se tiver uma estrutura muito rígida, isso pode até atrapalhar. A música muitas vezes permite uma abordagem mais livre e menos estruturada, favorecendo a espontaneidade.

3. Escritor

A escrita criativa permite grande liberdade de expressão e não exige uma rotina rígida. Escrever é usar a sua criatividade para trazer a sua competência técnica para o leitor. Então, darei o meu exemplo, de como uso o meu baixo grau de ordem, da conscienciosidade. Quando estou escrevendo um livro, eu pego vários temas, vários livros, vários autores, várias experiências minhas, vários métodos que apliquei e deram certo. E fico pensando naquilo, faço "incubação de ideias". Tudo com base na ciência, como já falei, e nas minhas experiências.

4. Fotógrafo

A profissão permite flexibilidade e criatividade com menos necessidade de organização estrita. Um fotógrafo bom, ou uma fotógrafa boa, tem ideias e as segue conforme a imagem montada na sua cabeça.

5. Designer gráfico

A criatividade é fundamental e o ambiente de trabalho pode ser mais descontraído e menos estruturado. Designer não fica muito preocupado com a ordem, o formato padronizado, o que ele tem que fazer é um negócio mais interessante.

6. Ator

A atuação requer criatividade e adaptabilidade com menos ênfase em organização e planejamento. Eu havia falado do artista, mas o ator também tem que ter criatividade e adaptabilidade.

7. Jornalista

O jornalismo pode ser dinâmico e imprevisível, favorecendo aqueles que prosperam em ambientes menos estruturados. Embora um jornalista precise ter uma certa ordem para trabalhar, ele também é um escritor, então tem que ter menos organização rígida e pensar mais fora da caixa.

8. Publicitário

A criatividade e a capacidade de pensar fora da caixa são valorizadas com menos foco em organização rígida. Para o publicitário, é interessante usar a criatividade para atrair a atenção do público para o serviço prestado.

9. Chef de cozinha

A cozinha pode ser um ambiente caótico, onde a criatividade e a improvisação são essenciais. O chef precisa pensar, é claro, em seguir alguns padrões, mas se quiser ser uma referência, se quiser mostrar sua singularidade, deve trabalhar de maneira mais solta e menos perfeccionista.

10. Empreendedor

A flexibilidade e a capacidade de se adaptar rapidamente às mudanças são cruciais, e a desordem pode ser uma parte natural do processo de inovação. O empreendedor ou a empreendedora tem que ter flexibilidade. Então hoje essa questão de trabalhar um pouco mais desordenadamente me favorece muito como empreendedor. É claro que tenho compromissos com os meus colaboradores, com impostos que tenho que pagar, com produtos e serviços que tenho que melhorar para os nossos clientes.

Por outro lado, as **profissões a seguir são indicadas para pessoas com alto grau do traço da conscienciosidade** porque valorizam a organização, a diligência, a responsabilidade e a atenção aos detalhes. Essas características são essenciais para garantir a precisão, a eficiência e a conformidade em ambientes profissionais que exigem altos padrões de desempenho.

1. Contador

A precisão, a atenção aos detalhes e a responsabilidade são cruciais para garantir a exatidão financeira e a conformidade com as leis. Darei um exemplo. Tenho a minha contadora, confio muito nela. Ela é ótima, muito competente, e uma das habilidades dela é não perder o prazo. Então, o contador tem que ter alto grau de conscienciosidade. E, cá entre nós, na primeira empresa que tive, de treinamento, eu trabalhava durante o dia e dava aulas à noite e aos sábados.

2. Engenheiro

A profissão exige alto grau de organização, planejamento meticuloso e atenção aos detalhes técnicos. Engenheiro também precisa ser um profissional organizado. Imagina se o engenheiro monta um prédio, vai desenhar as funções, faz a logística, mas esquece as coisas importantes? "Ah, esqueci que tinha que ter uma fundação melhor aqui". Não pode acontecer isso.

3. Advogado

A profissão requer uma abordagem metódica, pesquisa detalhada e cumprimento rigoroso de prazos e procedimentos legais. Recentemente eu fiz uma cirurgia e precisei de um advogado. Aí você pensa: "como assim? Precisa de médico e advogado para fazer cirurgia?".

Tive que contratar um advogado porque o plano de saúde que eu tinha na época não queria aprovar a cirurgia ortognática. Meu advogado ganhou a causa seguindo todos os procedimentos para provar a necessidade para minha saúde.

4. Médico

A precisão, a responsabilidade e a capacidade de seguir protocolos são essenciais para garantir a segurança e a eficácia dos tratamentos. Lembra da competência? No caso do médico, não é nem o prazo que é a coisa mais importante, mas a competência. Imagine só você fazendo uma cirurgia, dormindo, apagado e anestesiado. Ele faz o que ele quiser e se não estiver focado em fazer o melhor, ele pode lhe causar problemas. Em alguns casos operatórios, você pode até morrer.

5. Farmacêutico

A atenção aos detalhes e a responsabilidade são fundamentais para evitar erros de medicação e garantir a saúde dos pacientes. O farmacêutico tem que ser detalhista para entregar o remédio certo.

6. Gerente de projetos

A organização, o planejamento estratégico e a capacidade de gerenciar múltiplas tarefas são essenciais para o sucesso do projeto. Eu já fui gerente de projetos e posso afirmar que nessa área é preciso ser organizado, estratégico, e conseguir gerenciar múltiplas tarefas.

7. **Auditor**

A profissão exige uma abordagem meticulosa, com atenção aos detalhes e alto grau de responsabilidade. Auditor tem que ser muito focado e meticuloso. Ele pode evitar problemas sérios para uma empresa.

8. **Cientista de dados**

A precisão, a organização e a capacidade de lidar com detalhes complexos são cruciais para uma análise de dados eficaz. Um cientista de dados mergulhará profundamente em avaliação de fatos e dados, detalhes complexos, análise detalhada e farei um link dessa profissão com o traço de introversão também, porque quem é mais extrovertido talvez não consiga dar tanto foco.

9. **Professor**

A organização, o planejamento e a responsabilidade são essenciais para criar um ambiente de aprendizado eficaz e estruturado. Nesse caso, o professor pode ser um pouco mais extrovertido, mas também tem que ser organizado. Falando da minha situação, no meu escritório eu não sou tão organizado, mas quando dou aula, faço uma palestra, faço um workshop, eu preciso ter um alto grau de conscienciosidade, pois tenho que planejar e organizar passo a passo o que eu vou ensinar. Percebe essa questão?

10. **Administrador de sistemas**

A atenção aos detalhes, a organização e a capacidade de seguir procedimentos rigorosos são fundamentais para manter a integridade dos sistemas. O administrador de sistemas ou de redes tem que ser organizado e seguir procedimentos. Imagine se você desenvolve um software, você tem que ter clareza das etapas, você pode trabalhar na experimentação, mas você tem que estar atento e alerta a várias questões.

“O seu DNA não pode ser justificativa para descumprir combinados...”

Capítulo 11

Histórias da minha carreira

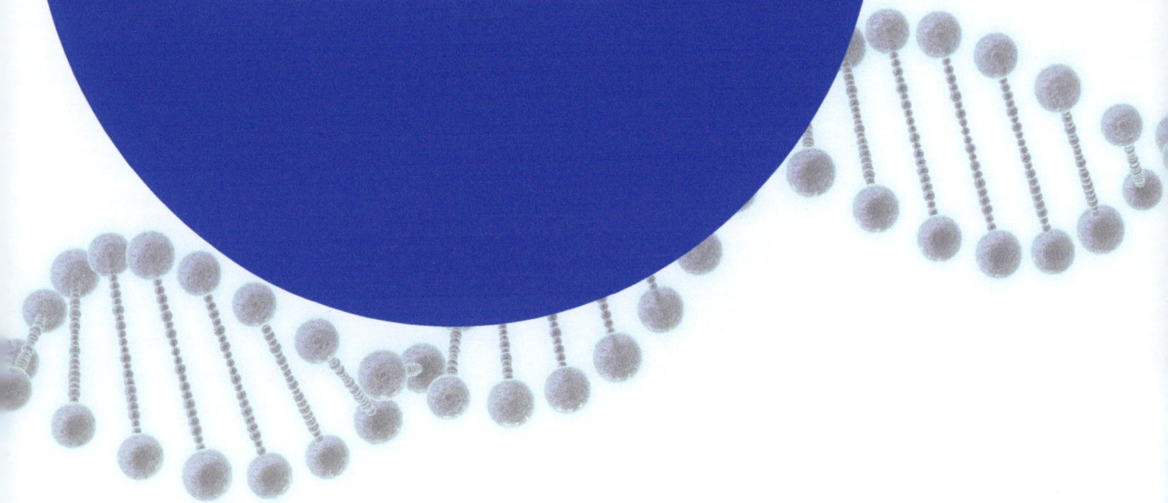

Neste capítulo contarei situações reais da minha carreira sobre o traço conscienciosidade, para gerar reflexão e aprendizados para sua vida.

11.1. Projeto com apresentação executiva

O projeto envolvia toda a área de tecnologia de uma grande empresa, então eu tinha contato direto com vários gerentes, diretores e o vice-presidente. E nesse caso específico a ponderação me atrapalhou. Sou muito empolgado e, às vezes, tomava decisões sem ponderar.

Lá no início da minha carreira como gerente de projetos, alinhado com a faceta da competência, estudei para a certificação PMP, que é reconhecida como referência internacional. Era uma certificação que custava 550 dólares, com 200 questões para fazer em quatro horas. Eu me dediquei muito, estava bem preparado, porém me faltou ponderação no projeto.

Durante uma importante apresentação, que lembro como se fosse hoje, faltou leitura de jogo.

O vice-presidente estava na reunião, além de vários diretores e gerentes sêniores. Então apresentei o planejamento do projeto.

O vice-presidente levanta o dedo para dizer: "ah, está muito bom o planejamento, mas eu quero antecipar esse prazo, está muito longe". Aí a minha falta de ponderação fez o quê? Eu não pensei, eu concordei. Olha isso... e aqui vem a questão da leitura de jogo. Eu não considerei os pontos que nos aprofundamos para chegar à conclusão de que precisávamos do tempo X. Acho que coloquei um ano de projeto, por exemplo.

E ele falou: "não, vamos fazer em três meses". O que eu devia ter feito? Ponderado que eu ia estudar melhor aquele pedido e voltar para ele porque era um projeto muito complexo. E ele sabia, ele não é bobo, ele quis me testar.

Então, quando ele falou "vamos fazer em três meses", eu falei "ok, tudo bem". Aí os executivos e o meu chefe olharam para mim diretamente, pensando "caraca, esse cara é maluco? Ele fez o plano para um ano. Só porque o vice-presidente pediu para reduzir para três meses, ele concordou!". Percebeu a minha inocência? Por quê? Porque eu não ponderei. Pensei em um montão de coisas, mas para eles não estava claro. Na minha cabeça estava claro. Fui muito impulsivo. Não ponderei e aquela situação não foi boa, mas reconheço isso e hoje eu já tenho mais cuidado.

Então, cuidado ao ter as respostas na ponta da língua. Ponderar é melhor. A resposta correta seria o quê? "Entendi a sua recomendação. Vou trabalhar no plano atual para pensarmos o que podemos fazer em três meses". Era isso que ele queria ouvir. Ele sabia que não dava para entregar todo o escopo do projeto em três meses, pois eu planejei a entrega em um ano. Mas na hora eu disse: "ok, tudo bem, dá sim".

Puxa vida, que derrota. Tenho uma vergonha desse momento até hoje. Tem uns 15 anos que aconteceu. Com a experiência que tenho hoje, eu nunca faria o que fiz naquela época. Eu iria ponderar. Então quero que você pense nisso. Cuidado com a sua impulsividade. Em alguns momentos pode ser ótimo, mas em outros pode ser ruim.

11.2. De sedentário até meia maratona

A segunda história que quero contar é de uma experiência da minha vida pessoal, mas que fez toda a diferença nos meus resultados profissionais. Eu estava vivendo um momento muito ruim, trabalhando com um chefe Thanos, um executivo muito louco.

E nessa época, além disso, a minha mãe estava doente e acabou falecendo. Em seguida, minha esposa ficou doente e teve câncer. Enfim, eu estava em um momento ruim na minha vida. E aí, somando toda a questão pessoal com a profissional, o resultado veio com minha saúde prejudicada. As coisas são muito interligadas.

Chegou um dia no trabalho em que não estava entendendo o que as pessoas falavam comigo. Era como se meu corpo estivesse lá, mas a minha mente estivesse longe. Quem trabalha com tecnologia sabe que todo computador tem um processador, não é? O nosso cérebro pode ser comparado a um processador. Era como se o meu cérebro estivesse a 10% de processamento. Então as pessoas falavam comigo e eu não processava nada, como se eu estivesse muito distante.

Decidi ir ao pronto-socorro. Chegando lá, eles fizeram um monte de exames e me disseram que eu não tinha nada. "Você está com um ataque de pânico. Você tem que fazer atividade física e evitar o estresse". Ignorei o primeiro aviso e fui trabalhar. A situação se repetiu no dia seguinte até eu retornar ao médico, e a resposta foi a mesma. E naquela época eu não fazia nada. Por que estou dando esse exemplo? Porque a conscienciosidade me ajudou muito. Lembra da autodisciplina? No meu caso, para eu fazer alguma coisa, eu tenho que ter profundidade, tenho que entender muito bem aquilo antes de sair fazendo. Então, por mais que me dissessem que eu tinha que fazer atividade física, eu não tinha clareza do porquê a atividade física me ajudaria com o estresse, se é que o meu problema era mesmo estresse. Eu achava que não.

Hoje, olhando para trás, é lógico que tenho clareza, que foi um burnout. Burnout é quando você está fazendo muita coisa e está muito sobrecarregado. Naquela época, eu estava cheio de problemas e também tinha medo de ser demitido. Enfim, o fato é que depois que fui ao segundo médico, na segunda emergência, eu comecei a estudar melhor sobre os efeitos da atividade física no corpo humano. Estudei bastante e aprendi muito mais do que o médico falou, porque o médico só me disse que eu precisava fazer, mas não me explicou nada além disso.

E, cá entre nós, esse médico devia ter quase o dobro do meu peso e parecia bem sedentário também. Talvez tenha sido até preconceituoso, entende? Pensei comigo mesmo: “esse cara está muito mais acima do peso do que eu e quer me dar lição de moral”. E as coisas não precisam ser assim. Então pesquisei e descobri que, se faço atividade física, consigo reduzir a chance de infarto, de Alzheimer e me dá mais energia. Opa!

Quando fui ao pronto-socorro, já tinha dois filhos pequenos e lembrei que meu pai morreu com cinquenta e poucos anos, de infarto. Ele teve uma vez, se salvou. Na segunda vez, ele morreu em casa, no meu colo. Corremos para um hospital, mas já estava morto.

A autodisciplina me ajudou muito. Estudei sobre corridas e comecei andando. Eu só caminhava, odiava musculação e odeio até hoje, cá entre nós. Depois comecei a fazer um trote. Trotar é o mesmo que correr bem pouquinho com pequenos impulsos. Comecei e permaneci bem leve, até que de repente me deu um clique: “caraca, eu quero correr cinco quilômetros!". Aí corri cinco quilômetros. "Nossa!" A minha energia foi a mil. Nessa época eu comecei a escrever o meu primeiro livro de *DevOps*. Comecei a fazer palestras em eventos e minha carreira deslanchou. E olha que interessante: um dos motivos foi a corrida. Minha autodisciplina foi suficiente para eu sair do estado sedentário para um estado bom o suficiente para correr 21 km.

Só que errei na dose, lembra? Ponderação. Minha autodisciplina é ótima e me ajudou muito, porém por minha ponderação ser um pouco baixa, isso acabou me prejudicando na corrida também. Fui empolgadão, sozinho, corri 5 km, 10 km e me forcei até os 21 km sem estar devidamente preparado, e como nos meus estudos eu vi que era importante fortalecer os músculos, comecei a fazer musculação. Cá entre nós, eu fazia de qualquer jeito, para cumprir tabela. O fato é: eu corri 21 km duas vezes, me machuquei nas duas e começou a doer do lado do joelho. Estou voltando aos poucos...

11.3. Transição para agilidade e DevOps

Trabalhava em uma seguradora que era auditada externamente, que tinha leis e regulamentos. Então a gente levava muito a sério a parte processual. Só que, após assistir à palestra de um vice-presidente nessa empresa, me deu um clique e percebi o seguinte: "nossa, eu estou trabalhando em uma coisa que tem sua importância, mas não é suficiente. Tenho que focar mais em inovação".

E eu encontrei a inovação com Lean, métodos ágeis e DevOps. Então, como sou de tecnologia e gosto de trabalhar com pessoas, juntei as duas coisas. Comecei a me aprofundar em práticas ágeis e DevOps. E se tem uma coisa que me faz sair da minha zona de conforto é iniciar um projeto. Porque penso: "eu quero ser o melhor naquele tema". Tenho essa característica. Por exemplo, trabalhava principalmente como administrador de redes Microsoft, então fiz várias certificações e comecei a dar aula na área. Se tem uma coisa que ajuda a ser competente em algum assunto é justamente dar aula sobre o assunto. Pode crer.

Se você se propuser a ensinar alguém sobre algum tema, você vai se obrigar a estudar muito mais do que você precisa. Então eu sempre fiz isso. Como eu iria trabalhar como administrador de redes Microsoft, fiz certificação Microsoft. Eu era engenheiro certificado da Microsoft em sistemas. Comecei a dar aula. Depois trabalhei com ITIL®. Fiz certificação, dei aula, trabalhando e entregando o resultado, assim também com COBIT® e Governança.

Então, no caso da agilidade e DevOps não foi diferente. Pensei: "opa, eu vou ler muitos livros e vou me aprofundar muito nesses temas para eu ser o melhor profissional". Claro que aproveitei toda a minha experiência anterior para unir agilidade com DevOps.

Foi aí que pensei: "por que não lançar um livro juntando governança, gestão de serviços, agilidade e automação?". E assim surgiu o livro Jornada DevOps. E olha que interessante, quando fiz essa transição de carreira, eu já queria ter um livro quando terminei o mestrado.

Fiquei dez anos com a ideia do livro adormecida. Quando especificamente decidi trabalhar mais fortemente com agilidade e DevOps, pensei em como poderia aproveitar minhas experiências sobre governança e tecnologia para juntar com esses novos temas.

E aí pensei que a melhor maneira de me aprofundar nessa nova área seria escrevendo um livro. Olha que interessante: comprei quase 20 livros que falavam dos temas associados com agilidade e DevOps. Gravei uma videoaula oficial para certificação com 20h sobre DevOps e assinei contrato com a editora Brasport em 2018 por indicação da minha amiga Milena do EXIN.

Enfim, quando você começa a fazer as coisas, quando você cria um movimento, as coisas aparecem para você, caem na sua frente. Eu sempre estudei profundamente um tema para ser competente naquilo, e isso tem a ver com conscienciosidade. Só que nessa situação eu me desafiei muito mais, pois vários problemas estavam acontecendo na época: meu sedentarismo, minha esposa doente. E o livro acabou travando.

Eu já tinha escrito três capítulos sozinho, tinha tudo definido, estava tudo na minha cabeça. Gravei a aula com base no livro que eu lançaria – só que travei.

Depois tive a ideia de chamar pessoas para me ajudar a escrever. Depois de uma palestra em 2018 na PUC Minas com mais de 200 pessoas, umas 30 pessoas vieram atrás de mim conversar sobre o tema da minha palestra, acharam legal e me deu um clique.

Pensei: "'peraí', é um sábado, essas pessoas estão aqui conversando comigo depois da minha palestra. Por que não as chamar para escrever o livro comigo?" Lembra do improviso? O meu baixo grau de conscienciosidade, na parte de ordem, me ajudou naquele momento. Olha como foi legal. Naquela hora usei minha empolgação, a falta de ponderação e a impulsividade a meu favor.

Eu dava aula na faculdade, mas nunca havia feito palestra. Mas o pessoal adorou e bateu palmas. O feedback foi incrível. Eu nem gastei muito tempo preparando os slides, mas fui assim, improvisando. Imagine a cena. Quando terminei, o pessoal presente na palestra foi me procurar para conversar comigo. Eu estava com o meu amigo Rodrigo, que participou comigo na empresa Adaptnow, que a gente era sócio.

Ele estava comigo nesse evento e me apoiou muito também. Criamos na hora um grupo no WhatsApp com quase 30 pessoas. Depois comecei a chamar pessoas no LinkedIn para me ajudar a escrever o livro.

Moral da história: cuidado para você não ser muito uma pessoa ponderada em tudo na sua vida, porque você pode perder oportunidades. Mas também tome cuidado para não acabar tendo ponderação de menos. No meu caso, eu já me prejudiquei por ter pouca ponderação, lembra? O ideal é ter equilíbrio.

Aliás, olhando para trás agora na minha vida, a maioria das coisas que consegui e que eu consigo até hoje é na empolgação. Ter baixo grau de ponderação é bom para mim. Você tem que priorizar as ações naquilo que é mais forte. E como eu disse, muito do que fiz naquele dia foi no improviso.

Então, quero que você reflita: o que você pode usar desses três cases e adaptar para sua vida? E não fique se julgando sobre o que deu errado no passado. Esquece. O passado é só para ajudá-lo a potencializar o futuro. Estou colocando as minhas derrotas para você ver que todo mundo tem derrota. Tenha cuidado com o mundo perfeito das redes sociais.

Se você visitar as redes sociais das pessoas, como Instagram ou LinkedIn, só vai ver vitória. Ninguém conta derrota. Estou contando para você algumas situações que vivi e que não deram certo. Dificilmente você terá pessoas que vão falar sobre isso na vida, todo mundo só quer contar vitória. Aprenda que você não é perfeito, eu não sou perfeito, ninguém é. Não existe pessoa perfeita.

O que existe são pessoas inteligentes que pegam os erros do passado e os transformam em experiências e em aprendizados e não ficam se machucando pelo que passou. Não dá para mudar. Você tem que aprender com o que você errou e continuar daqui para frente. Aproveita esse conteúdo e esse conhecimento que você está tendo aqui para mudar a sua vida daqui para frente.

O futuro começa hoje, no presente. É claro que, quando olho para trás, tem coisas das quais eu me envergonho. Às vezes penso: “nossa, nunca mais farei isso”. Entretanto, não conseguimos mudar o passado. Então, não queira se julgar o tempo todo, ok? Olhe para frente. Tenho certeza de que se você aplicar tudo o que está aprendendo com este livro, você vai construir coisas maiores na carreira daqui por diante!

Na próxima parte você aprofundará o traço da extroversão e como as suas facetas impactam as interações sociais. Você é uma pessoa que se energiza em ambientes sociais e novas experiências ou prefere tranquilidade e introspecção?

'Bora lá?

“As empresas amam profissionais realizadores...”

PARTE 4

Extroversão X Introversão

O que você verá neste bloco?

12 *As seis facetas da extroversão*

Atividade
Assertividade
Sociabilidade ou gregarismo
Acolhimento ou calor
Busca por sensações
Emoções positivas

13 *Impacto nas profissões*

14 *Histórias da minha carreira*

Medo de apresentar trabalhos
Aulas em graduação e cursos
Palestras e apresentação de eventos

Capítulo 12

As seis facetas da extroversão

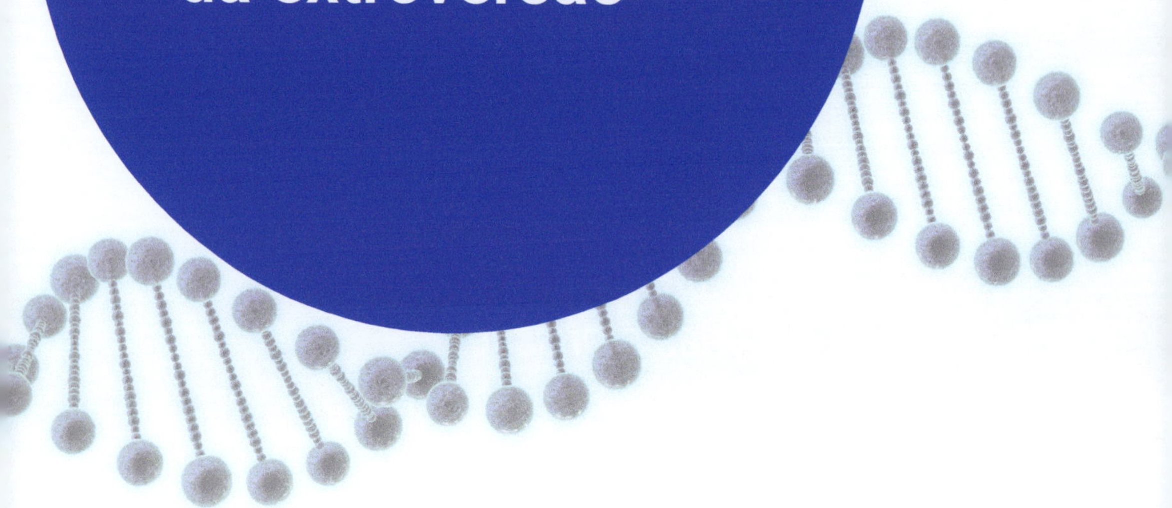

Você já deve ter refletido sobre ser mais extrovertido(a) ou mais introvertido(a). Certamente você já deve ter passado por situações na sua vida profissional ou pessoal que fizeram você chegar a alguma conclusão, mas será que foi a conclusão correta?

Para chegar a uma conclusão, você precisa identificar as seis facetas da extroversão. Isso é o que há de mais profundo e contundente na ciência da personalidade. É importante também destacar que dificilmente pessoas serão 100% extrovertidas ou 100% introvertidas. Raramente existe esse tipo de perfil. Geralmente somos uma mistura desses dois extremos.

O grande problema é que existem muitas técnicas de avaliação de perfil na internet, por exemplo, que rotulam se a pessoa é extrovertida ou introvertida, mas a ciência mostra que não é bem assim. Temos graus de cada tipo de personalidade, e no caso da extroversão é muito importante reconhecer em qual grau você se encontra, seja ele menor ou maior.

Lá no início da minha carreira eu me considerava uma pessoa bastante introvertida e jamais considerei que eu daria aula, faria palestras etc.

Contudo, vamos evoluindo com base nos nossos gostos pessoais e também com base no nosso ambiente, ou seja, onde moramos, com quem conversamos e quem são nossos amigos. Por isso, podemos mudar muitas coisas na nossa vida. Não se prive das coisas que você gosta de fazer porque alguém disse que você nasceu de um jeito e morrerá desse jeito. Isso não existe, e a ciência prova isso.

12.1. Atividade

Essa faceta é a mais característica. Quem é mais introvertido, se ficar muito tempo em baladas, eventos e em contato com outras pessoas, acaba esgotando suas energias e é necessário ficar algum tempo sozinho para as repor.

Por outro lado, quem é mais extrovertido precisa das outras pessoas para se energizar. Então, se você gosta de movimento e de estar ao lado de outras pessoas, se você se sente bem assim, você tem um grau de extroversão maior.

As **pessoas com baixo grau na faceta atividade** preferem ambientes mais calmos e previsíveis, pois se cansam muito facilmente com movimentos sociais. Elas são mais tranquilas e preferem momentos de calma e contemplação. São pessoas que gostam mais de ficar sozinhas.

Já as **pessoas com alto grau na faceta atividade** buscam novas experiências e estímulos emocionais. Elas precisam desses estímulos para se sentirem mais animadas em ambientes movimentados, elas gostam de ir a eventos e palestras e se sentem bem nesses locais. São pessoas que aumentam a energia conforme se relacionam com as outras pessoas, costumam ser inquietas e mais ágeis e procuram sempre fazer algo novo. São pessoas que se adaptam com facilidade.

Pessoas com baixo grau	Pessoas com alto grau
Preferem ritmo lento	Preferem ritmo acelerado
Gostam de tranquilidade	Gostam de agitação
Evitam atividades intensas	Buscam atividades intensas
Desfrutam de momentos calmos	Desfrutam de momentos ativos
São menos envolvidas socialmente	São altamente envolvidas socialmente
Preferem ambientes serenos	Preferem ambientes dinâmicos
São menos propensas às multitarefas	São mais propensas às multitarefas

12.2. Assertividade

Cuidado com a palavra "assertividade": tem gente que interpreta essa palavra como alguém que "acerta" muito, e isso é um equívoco. A palavra assertividade se refere a alguém que consegue expor sua opinião de maneira confiante, calma e segura, mesmo contrariando a opinião dos outros algumas vezes. Em outras palavras, mesmo sabendo que vai se opor às ideias dos demais, consegue expor a sua opinião sem ser agressivo ou gritar.

Já as **pessoas com baixo grau na faceta assertividade** são mais cautelosas e hesitantes. Elas têm medo de dar sua opinião em uma roda de amigos ou em reuniões. Têm mais receio de tomar decisões em grupo, buscam um consenso, têm menos influência e gostam de ficar nos bastidores. Elas evitam confrontos e se posicionam mais passivamente em situações do dia a dia.

As **pessoas com alto grau na faceta assertividade** expressam sua opinião de maneira confiante. Elas se dão muito bem em reuniões, por exemplo. Geralmente tomam decisões rápidas e conseguem influenciar mais as pessoas ao seu redor. São naturalmente percebidas como pessoas dominantes, que enfrentam desafios de forma mais aberta e sem hesitação.

Pessoas com baixo grau	Pessoas com alto grau
Evitam confrontos	Enfrentam confrontos diretamente
Hesitam em expressar opiniões	Expressam opiniões com confiança
Preferem seguir a liderança	Assumem papéis de liderança
Evitam tomar decisões rápidas	Tomam decisões rapidamente
São menos propensas a influenciar	Influenciam facilmente os outros
Tendem a ser passivas	Tendem a ser proativas
Evitam situações de destaque	Buscam situações de destaque

12.3. Sociabilidade ou gregarismo

Sociabilidade ou gregarismo é uma faceta da extroversão. A palavra gregarismo significa “se dar bem com as pessoas com facilidade”.

As **pessoas com baixo grau na faceta sociabilidade ou gregarismo** evitam buscar companhia e preferem ficar sozinhas. São de sua preferência as atividades individuais e solitárias.

Já as **pessoas com alto grau na faceta sociabilidade ou gregarismo** buscam ativamente a companhia de outras pessoas. Elas sentem desconforto quando estão sozinhas e por isso, buscam se encaixar em atividades em grupo e redes sociais. Sentem solidão se não estiverem próximas de pessoas, ou seja, encontram satisfação e energia em interações.

Agora imagine as pessoas com alto grau de sociabilidade ou gregarismo na pandemia, tendo que ficar confinadas em casa. Essas foram as pessoas que mais sofreram, pois elas precisam de gente. Festas, baladas e shows eram proibidos, mas as pessoas iam escondidas, mesmo com o risco de serem presas. Às vezes julgamos essas pessoas, mas muito provavelmente, são apenas pessoas com alto grau de sociabilidade ou gregarismo, que precisam de outras pessoas.

Eu prometi que você conheceria melhor a si mesmo e também as pessoas ao seu redor. Isso é lindo demais. Quanto mais conhecemos com profundidade os traços de perfil, mais conseguimos entender os outros e ter empatia por eles.

Suponhamos que você tenha um alto grau de sociabilidade ou gregarismo e seja casado ou casada com uma pessoa que tem menor grau. Se você não tiver essa habilidade de reconhecer esse traço de personalidade, sem perceber você estará criticando seu parceiro ou sua parceira, que é mais quieto(a) e gosta de ficar mais na dele(a), enquanto você quer festa. Esse conhecimento é bom para você aplicar na sua vida e se relacionar melhor com quem está ao seu redor.

Vou dar um exemplo de uma pessoa que trabalha com agilidade e precisa participar de reuniões diárias. Geralmente, é esperado que todos falem nessa reunião. Se essa pessoa tiver baixo grau de sociabilidade ou gregarismo, ela gastará energia e se cansará muito quando ela tiver que falar. Infelizmente, essa pessoa pode acabar sendo julgada por ter preferido não falar nada durante a reunião. Essa mesma pessoa pode ser uma das melhores, senão a melhor especialista em desenvolvimento de software da equipe, com um baixo grau de extroversão. Pessoas com um baixo grau de extroversão tendem a ter uma escuta ativa muito evoluída e perceber as coisas ao redor com mais facilidade, enquanto quem fala muito precisa ter cuidado para não atropelar os outros sem perceber. Muito provavelmente essa pessoa com baixo grau fará de tudo para não ir em reuniões ou comemorações, mas não é por mal, é simplesmente parte da personalidade dela. Quem tem muita extroversão tende a achar que todos são iguais, mas não são.

Pessoas com baixo grau	Pessoas com alto grau
Preferem interações individuais	Preferem interações em grupo
Evitam grandes eventos sociais	Gostam de grandes eventos sociais
Sentem-se confortáveis sozinhas	Sentem -se confortáveis em multidões
São menos propensas a iniciar conversas	Iniciam conversas facilmente
Preferem ambientes tranquilos	Preferem ambientes movimentados
Tendem a ser reservadas	Tendem a ser expansivas
Evitam novos contatos sociais	Buscam novos contatos sociais

12.4. Acolhimento ou calor

As **pessoas com baixo grau na faceta acolhimento ou calor** são menos sensíveis e atentas às emoções dos outros. Note que essas pessoas podem ser muito gregárias, mas ter baixo grau dessa faceta, ou seja, elas gostam de estar com as pessoas, mas possuem baixa empatia - isso pode acontecer. Elas geralmente são mais reservadas e contidas e expressam pouco afeto, parecem distantes por não se mostrarem tão dispostas a ajudar, mas fazem isso naturalmente, está no DNA delas. Contudo, estar no DNA não quer dizer que não dá para melhorar. Logo, se você reconhece isso nas pessoas, você começa a respeitá-las.

Já **as pessoas com alto grau na faceta acolhimento ou calor** demonstram interesse genuíno pelo próximo e têm uma empatia enorme, se interessando pelas emoções dos outros. Elas expressam afeto de maneira aberta e frequente, são pessoas que acolhem os outros naturalmente, são amistosas, acolhedoras e sensíveis às emoções dos outros e estão prontas para ajudar. Elas geralmente têm dificuldade de lidar com a solidão e precisam muito dos outros. Os seres humanos têm uma necessidade natural de se conectar, por serem seres sociais. Logo, até as pessoas que têm baixo grau de acolhimento, mesmo que não demonstrem, gostam de ajudar e ser ajudadas, mesmo que em menor escala.

Eu e meus irmãos somos muito empolgados, mas lembro que meu pai era mais contido. Às vezes pode parecer que essa pessoa não ama, mas na verdade ela só não consegue demonstrar muito afeto. Naturalmente, no DNA dessa pessoa, ela tem baixo grau de acolhimento. Não demonstrar não quer dizer que a pessoa não ame. Agora, se você é pai, mãe, esposo ou esposa, por que não melhorar essa faceta hoje? Comece a demonstrar os sentimentos pelas pessoas importantes para você, pois só depende de você.

Sempre que encontro crianças na rua ou no prédio, me refiro a elas como "bonitão" ou "bonitona" naturalmente, sem pensar muito. Se você tem alto grau de quaisquer características citadas neste livro, você não pensa, você simplesmente faz espontaneamente. Minha filha Luisa veio me zoar esses dias, dizendo que chamo todo mundo de "bonitão" e "bonitona", e isso me faz refletir sobre as coisas que fazemos sem pensar.

Imagine uma liderança que tem um grau de acolhimento muito pequeno. Se o líder não demonstra emoção nas entregas do time, ele não vai contagiar as pessoas. Precisamos cada vez mais de lideranças inspiradoras. Alto grau de acolhimento é fundamental para todos, mas principalmente para líderes que precisam dar visão e criar um senso de propósito para as equipes. Quem tem baixo grau de acolhimento e veio assim de fábrica, dá para atualizar igualzinho a um sistema operacional do seu telefone. Não se limite ao que você é hoje, pois você pode melhorar tudo na sua vida, mas não pode ser artificial, só para ficar bem com as pessoas, porque nós, seres humanos, percebemos. Se tem uma coisa que nós temos desenvolvido bem ao longo do tempo é o "radar da mentira". Então, a melhora deve ser genuína – e certamente dá para melhorar.

Pessoas com baixo grau	Pessoas com alto grau
Não falam sobre suas emoções	Falam sobre suas emoções abertamente
Evitam proximidade emocional	Buscam proximidade emocional
São pouco expressivas	São altamente expressivas
São distantes em interações sociais	São calorosas em interações sociais
Preferem manter distância	Preferem estar próximas
São menos afetuosas	São altamente afetuosas
Evitam contato físico	Buscam contato físico

12.5. Busca por sensações

As **pessoas com baixo grau na faceta busca por sensações** geralmente preferem atividades mais calmas, previsíveis, e evitam situações de alto risco. Elas preferem segurança e estabilidade.

Já as **pessoas com alto grau na faceta busca por sensações** estão ativamente procurando novas experiências. Elas querem emoções fortes e têm mais tolerância a riscos, sendo atraídas por atividades emocionalmente desafiadoras, como pular de paraquedas ou empreender, por exemplo. Por gostarem de adrenalina, elas procuram projetos novos o tempo todo – não só o contato com pessoas, mas também sentimentos e sensações novas.

Dá para perceber que temos várias nuances e detalhes. Não dá simplesmente para apontar para alguém e dizer que essa pessoa é introvertida ou extrovertida. É importante saber que temos coisas dentro de cada traço de personalidade que podemos ter em menor ou maior grau, e com certeza podemos aproveitar isso ao nosso favor e mudar o que não nos favorece. O primeiro passo é reconhecer e o segundo passo é refletir para tomar decisões diferentes das que você tem tomado até o momento.

Pessoas com baixo grau	Pessoas com alto grau
Preferem rotina e previsibilidade	Buscam novas experiências
Evitam riscos	Gostam de correr riscos
Desfrutam de atividades calmas	Desfrutam de atividades excitantes
Preferem ambientes seguros	Preferem ambientes desafiadores
São menos propensas a aventuras	São altamente propensas a aventuras
Evitam mudanças bruscas	Buscam mudanças constantes
Preferem estabilidade	Preferem variedade e novidade

12.6. Emoções positivas

As **pessoas com baixo grau na faceta emoções positivas** são mais contidas, reservadas e não expressam muito otimismo. Elas têm mais propensão a se deixarem abater pelas coisas que dão errado e param tudo o que estão fazendo quando não conseguem ter seus resultados esperados. Muitas vezes a pessoa pode ser tão pessimista que acaba contaminando negativamente quem está ao redor. Normalmente, quando vão fazer reuniões com pessoas muito otimistas, acabam ficando revoltadas por conta do choque de personalidade.

Lembro de uma situação em que duas pessoas estavam conversando no ambiente de trabalho, sendo que uma delas era muito pessimista. A pressão da pessoa que estava ouvindo o pessimista aumentou e ela teve que ser socorrida em um hospital. Em contrapartida, se você está ao redor de pessoas otimistas, que te levantam, você só crescerá. Se você na maioria das vezes está ao redor de pessoas negativas, que só colocam outras pessoas para baixo, você terá medo de arriscar. Cuidado com as pessoas com quem você convive, é uma decisão sua e você é quem decide quem vai estar ao seu redor. Claro que nós só podemos decidir sobre aquilo que está ao nosso alcance. Se você infelizmente trabalha para um chefe pessimista e que só reclama, você precisará interagir com ele. Mas é como dizia aquela frase no ônibus: “fale com o motorista somente o indispensável”. Converse apenas o estritamente necessário com as pessoas pessimistas e não busque contato ativamente com elas. Tem gente que só gosta de ser pessimista. E o pior é que existem pessoas muito pessimistas, com um grau muito baixo da faceta de emoções positivas, e que ainda se justifica dizendo ser "realista", chamando os outros de sonhadores. Geralmente quem é muito pessimista não fala que é pessimista nem se reconhece como tal. Cuidado com essas pessoas. Elas vão querer justificar que é certo ser pessimista e vão acabar jogando você para baixo.

O problema é que muita gente parece pessimista, pois infelizmente muitas empresas têm a cultura de que no trabalho temos que fazer cara feia, como se não pudéssemos ser felizes lá. Então o executivo tem que se mostrar sério sempre, apesar das situações engraçadas que acontecem no mundo corporativo. Às vezes a equipe pode estar feliz e brincando enquanto o chefe não chega para a reunião e de uma hora para outra toda a graça acaba porque o "chefão" chegou. As pessoas deixam de dar gargalhadas e até se "endireitam" por conta dessa lenda urbana de que não podemos ser felizes no trabalho. E é totalmente o contrário. Cada vez mais precisamos da nossa inteligência e da inteligência coletiva, e para isso precisamos estar felizes com o que fazemos, porque felicidade gera ideias e inovação. Antigamente o trabalho era realmente cansativo, penoso, com chefes sugando toda a energia das pessoas por conta do trabalho manual e físico, então as pessoas não podiam ficar paradas porque a hora do trabalho era a hora do suor. Acabou esse negócio. Às vezes você pode ter um "clique" sobre algo para você aplicar na sua empresa durante um passeio no fim de semana e muda tudo.

Já as **pessoas com alto grau na faceta emoções positivas** expressam suas emoções positivas com mais frequência e intensidade. São pessoas otimistas, que gostam de climas alegres. Elas geralmente têm grande resiliência emocional diante de desafios e contratempos, ou seja, são pessoas que vão passar por desafios assim como todo mundo, mas elas têm força para se manter firmes e não deixar a situação negativa travar, desanimar ou causar desistência.

O alto grau dessa faceta significa abordar as situações novas com entusiasmo, confiança e uma atitude otimista em relação ao desconhecido. Isso é importante, pois vivemos em um mundo cada vez mais imprevisível e complexo. As empresas estão dando cada vez mais preferência para profissionais que busquem coisas novas.

O otimismo deveria ser incentivado nas empresas e não as caras feias. Observe a cultura da empresa onde você está atualmente e reflita se é um lugar que incentiva a colaboração, a criatividade, a camaradagem, o trabalho em equipe e a felicidade, pois esses lugares são os que chegam mais longe. Se você trabalha em uma empresa em que não se pode nem gargalhar porque as pessoas vão te encarar, essa é uma empresa que continua presa no passado.

Cuidado se você é, sem perceber, aquela pessoa que, para cada solução dada, você gera cinco problemas, porque isso começa a irritar. Você pode não fazer isso por mal e está apenas pensando nas possibilidades negativas, mas está gastando uma energia enorme com uma situação que pode nunca acontecer. Pessoas muito ansiosas são assim: começam a sofrer hoje por coisas que podem ou não acontecer – e se não acontecem, elas sofrem à toa. Reflita sobre isso, porque talvez ninguém te avise se você for esse tipo de pessoa. Cuidado, porque as pessoas geralmente não gostam de quem só foca no negativo. Isso acontece muito nas empresas. Geralmente falo com a minha equipe que, se eles não tiverem uma ideia melhor, precisam aceitar a ideia que foi proposta anteriormente. Claro que é necessário ser "pé no chão" às vezes e pontuar os aspectos que podem dar problema, mas tudo tem seu devido momento. Se o momento é brainstorming, não precisa ficar julgando a ideia do colega. Se tem uma situação que pode acontecer, espere acontecer para agir. Não gaste energia mental e o tempo das pessoas ao redor com situações negativas muito hipotéticas. Existem riscos que são muito distantes até serem considerados um problema seu. Por exemplo, estamos em uma bola flutuante solta no espaço; se alguma coisa ruim acontecer durante a trajetória da Terra, vamos todos morrer, e não terá pessimismo ou otimismo que ajude. Então, por que você iria se preocupar com isso? No ambiente de trabalho, certamente existem situações similares a essa, nas quais você precisa decidir se vale ou não a pena gastar energia e o tempo das pessoas para se preocupar com isso ou não.

Vale ressaltar que o equilíbrio é muito importante, pois até mesmo as pessoas positivas podem ser prejudiciais se forem positivas em excesso, com a positividade tóxica. Se uma pessoa viaja muito positivamente e só fala que "vai dar certo" o tempo inteiro, mesmo com o mundo acabando, ela acaba criando uma positividade tóxica. Devemos ser positivos, mas identificar os riscos. Não podemos nem ser otimistas e sonhadores demais a ponto de não nos prepararmos para as situações concretas da vida, nem sermos pessimistas que só travam e não saem do lugar. Esse equilíbrio é fundamental. Se você nasceu pessimista, depende só de você mudar, e eu sugiro que você mude, pois a pior coisa que tem para a sua vida é ser pessimista e gastar muita energia mental para fazer pouco na vida. Fora que as pessoas vão se afastar de você. Tirando os pessimistas, ninguém quer estar próximo de quem só reclama.

Pessoas com baixo grau	Pessoas com alto grau
São menos propensas a sentir euforia	Frequentemente sentem euforia
Têm pouco entusiasmo	São altamente entusiasmadas
São menos otimistas	São altamente otimistas
Evitam expressar alegria	Expressam alegria facilmente
Tendem a ser sérias	Tendem a ser brincalhonas
São menos propensas a rir	Riem com frequência
São pouco envolvidas emocionalmente	São altamente envolvidas emocionalmente

“As empresas precisam de extrovertidos e introvertidos...”

Capítulo 13

Impacto nas profissões

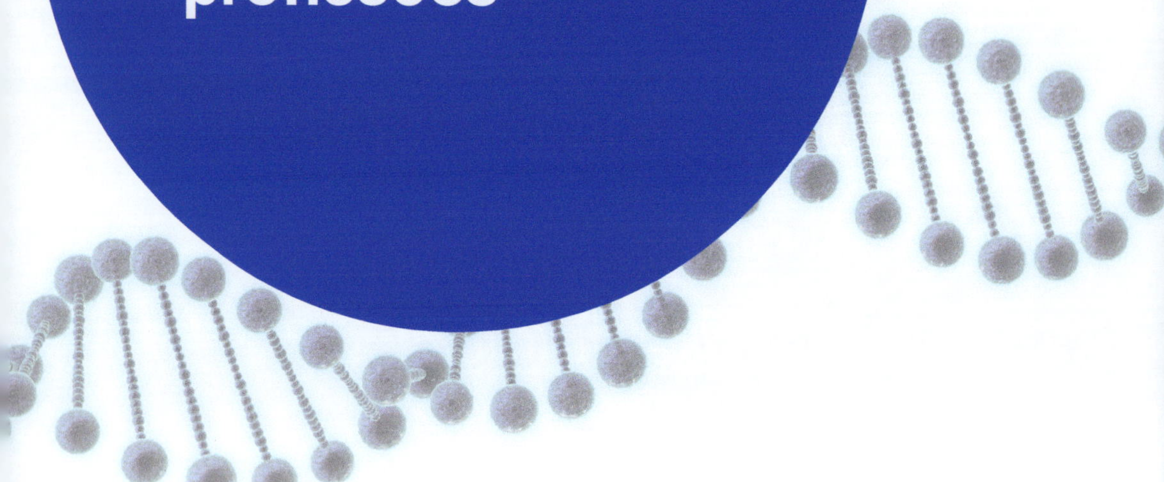

As **pessoas com baixo grau do traço da extroversão** tendem a preferir ambientes de trabalho tranquilos e controlados que as permitam utilizar suas habilidades técnicas e analíticas. Elas valorizam a independência, a concentração e a introspecção, que é compatível com suas preferências e características de personalidade.

Algumas profissões que podem ser mais indicadas para essas pessoas são:

1. **Programador de software**

O programador trabalha escrevendo e testando código. A profissão exige concentração e habilidades técnicas, com menos necessidade de interações sociais frequentes e ambientes de alta energia.

2. Escritor técnico

O escritor técnico cria manuais, guias e documentação para produtos e serviços. A profissão requer habilidades de escrita e atenção aos detalhes, com pouca necessidade de interações sociais e assertividade.

3. Analista de dados

O analista de dados trabalha com grande volume de informações, aplicando métodos estatísticos e algoritmos para extrair insights. A profissão é ideal para pessoas que preferem trabalhar de forma independente e em ambientes tranquilos.

4. Bibliotecário

O bibliotecário gerencia coleções de livros e recursos de informação, auxiliando os usuários a encontrar o que precisam. A profissão oferece um ambiente calmo e estruturado, com interações sociais limitadas e controladas.

5. Contador

O contador trabalha com números, registros financeiros e relatórios, seguindo normas e regulamentos estritos. A profissão exige precisão e atenção aos detalhes, com menos necessidade de interações sociais frequentes e assertividade.

6. Editor de vídeo

O editor de vídeo trabalha na pós-produção de filmes e outros conteúdos visuais. A profissão permite que os indivíduos trabalhem de forma independente e em um ambiente controlado, focando na criatividade e técnica.

7. Pesquisador científico

O pesquisador conduz estudos e experimentos para expandir o conhecimento em diversas áreas. A profissão exige concentração e habilidades analíticas, com menos necessidade de interações sociais frequentes e ambientes de alta energia (busca por sensações).

8. Designer gráfico

O designer gráfico cria visuais atraentes para mídias impressas e digitais. A profissão permite que os indivíduos trabalhem de forma independente e em um ambiente criativo e tranquilo, focando na estética e na inovação.

9. Tradutor

O tradutor converte textos de um idioma para outro, trabalhando principalmente de forma independente. A profissão exige habilidades linguísticas e atenção aos detalhes, com pouca necessidade de interações sociais frequentes e assertividade.

10. Arquiteto de soluções

O arquiteto de soluções projeta sistemas de TI que atende às necessidades de negócios. A profissão exige habilidades técnicas e analíticas, com menos necessidade de interações sociais frequentes e ambientes de alta energia.

Já as pessoas com alto grau do traço da extroversão tendem a ser sociáveis, comunicativas e energéticas. Essas características podem ser vantajosas em profissões que envolvam interação social, liderança e comunicação.

Algumas profissões que podem ser mais indicadas para essas pessoas são:

1. Vendedor

O vendedor interage constantemente com clientes, promovendo produtos e serviços. A profissão exige habilidades de comunicação, assertividade e uma atitude positiva para lidar com diferentes pessoas e situações, além de proporcionar um ambiente dinâmico e estimulante.

2. Relações públicas

O profissional de relações públicas gerencia a imagem de empresas e indivíduos, organizando eventos e interagindo com a mídia. A profissão requer habilidades sociais, assertividade e capacidade de criar e manter relacionamentos, além de lidar com situações variadas e desafiadoras.

3. Gestor de eventos

O gestor de eventos planeja e coordena eventos como conferências, festas e feiras. A profissão exige habilidades organizacionais, sociabilidade e a capacidade de lidar com situações de alta energia e mudanças constantes, proporcionando um ambiente dinâmico e interativo.

4. Ator

O ator interpreta personagens em peças, filmes e programas de TV, exigindo habilidades de comunicação, expressividade e capacidade de se conectar com o público. A profissão oferece um ambiente estimulante e a oportunidade de explorar diferentes emoções e situações.

5. Consultor de vendas

A profissão exige habilidades de comunicação, assertividade e capacidade de construir relacionamentos, além de proporcionar um ambiente dinâmico e desafiador. O consultor de vendas trabalha com clientes para entender suas necessidades e oferecer soluções personalizadas.

6. Personal trainer

O personal trainer motiva e orienta indivíduos ou grupos em atividades físicas. A profissão requer energia, sociabilidade e capacidade de inspirar e engajar as pessoas, proporcionando um ambiente ativo e estimulante.

7. Gerente de marketing

O gerente de marketing desenvolve e implementa estratégias para promover produtos e serviços. A profissão exige criatividade, habilidades de comunicação e capacidade de liderar equipes e projetos, além de lidar com um ambiente dinâmico e competitivo.

8. Advogado de defesa

O advogado de defesa representa clientes em processos judiciais, exigindo habilidades de argumentação, assertividade e capacidade de lidar com situações de alta pressão. A profissão oferece um ambiente dinâmico e a oportunidade de interagir com diversas pessoas.

9. Diretor de RH

O diretor de recursos humanos gerencia o recrutamento, treinamento e bem-estar dos funcionários. A profissão exige habilidades de comunicação, sociabilidade e capacidade de resolver conflitos e promover um ambiente de trabalho positivo e colaborativo.

10. Apresentador de TV

O apresentador conduz programas, entrevistas e eventos ao vivo, exigindo habilidades de comunicação, expressividade e capacidade de se conectar com o público. A profissão oferece um ambiente dinâmico e a oportunidade de explorar diferentes tópicos e situações.

Capítulo 14

Histórias da minha carreira

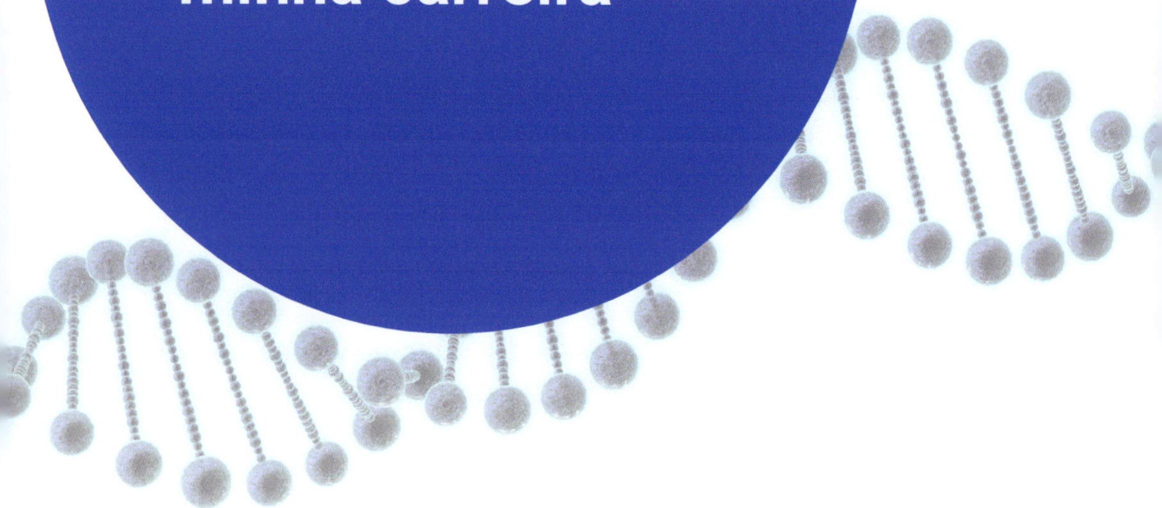

Neste capítulo contarei situações reais da minha carreira sobre o traço de extroversão, para gerar reflexão e aprendizados para sua vida.

14.1. Medo de apresentar trabalhos

Durante a faculdade de tecnologia eu era uma pessoa mais quieta e evitava apresentar minhas ideias na frente dos outros alunos. Existiam pessoas muito mais extrovertidas que assumiam a dianteira quando necessário.

Entretanto, descobri uma habilidade de ensinar quando naturalmente comecei a compartilhar minhas experiências com os mais novos no meu primeiro emprego, onde consertava computadores e impressoras. Naturalmente fui desenvolvendo e destravando habilidades da extroversão.

Desenvolvi e continuo desenvolvendo minhas habilidades da extroversão até hoje. Sempre que sai um novo livro sobre comunicação ou algum estudo científico sobre o assunto, eu procuro me inteirar, estudar e me aprofundar, pois quero ser um professor e palestrante cada vez melhor.

Por outro lado, existem momentos em que prefiro ficar mais quieto. Também quero meus momentos de mais tranquilidade. Já quando necessário, quando estou apresentando eventos e interagindo com pessoas, eu consigo ser mais extrovertido. Esse é o meu exemplo de pessoa que se achava muito introvertida que acabou se desenvolvendo em algumas atividades. Atualmente fico pensando que as pessoas que estudaram comigo no ensino médio e na faculdade provavelmente não me reconheceriam. É possível mudar se você quiser, mas para mudar é necessário se preparar.

Cada vez mais as equipes vão trabalhar de maneira multidisciplinar, e as pessoas que não conseguirem dar a sua opinião sobre ideias e assuntos do dia a dia podem perder grandes oportunidades. Entretanto, cuidado com essa frase: "vá com medo mesmo". Existe uma newsletter no LinkedIn que criei, com o título de "Os 5 passos para você transformar seu medo em energia", que explica melhor essa situação e pode ajudar você.

Existem coisas adormecidas que você pode ativar. Veja o que faz sentido para você adaptar e começar a usar, quem sabe ainda hoje.

14.2. Aulas em graduação e cursos

Eu era uma pessoa mais quieta e reservada, tinha medo de apresentar trabalhos em público, até perceber que eu tinha um grau da extroversão dentro de mim que me mostrava que eu gostava de dar aulas e compartilhar conteúdo. Vi que eu não precisava depender apenas de uma empresa; poderia também dar aula, coisa de que gosto muito, e ainda ser bem remunerado por isso.

Comecei a dar aulas aos sábados em cursos para certificação Microsoft e tive muitos alunos talentosos: gerentes, especialistas, administradores de rede. Então pensei: "se eu consigo dar aulas para gente que já está arrebentando no mercado, eu posso dar aulas na faculdade".

Nessa época não existia faculdade on-line, era tudo presencial. Então conversei com a diretoria da faculdade em que estudei e apresentei minha experiência com aulas em cursos e na empresa, o que me deu uma vantagem.

Outro ponto me ajudou nessa jornada: assim que finalizei a faculdade, fiz o MBA. Geralmente, para dar aula na faculdade, você precisa de pelo menos uma pós-graduação, de preferência um mestrado, como fiz em seguida.

Comecei então muito cedo a dar aulas em faculdades. Lecionava várias disciplinas, como Redes de Computadores, Sistemas Operacionais, Sistemas Proprietários da Microsoft, Engenharia de Software, Gestão ITIL®, COBIT®, Agilidade, Administração e RH.

Mesmo achando que possuía um baixo grau do traço da extroversão, tendo uma personalidade mais introvertida, descobri que isso não era bem verdade, mas levei alguns anos para entender isso. Não perca oportunidades por achar que a sua personalidade é fixa. Você pode desenvolver habilidades de extroversão se for importante para a sua vida.

14.3. Palestras e apresentação de eventos

Após a experiência com aulas em diversas universidades, uma coisa que eu nunca imaginei que faria foi apresentação de eventos, mas agora até me chamam de "Mestre de Cerimônias".

Essa minha nova experiência começou muito por acaso no evento de lançamento do meu primeiro livro, Jornada DevOps. Falei com executivos, empresas e amigos de várias comunidades do Rio de Janeiro e lançamos o livro para 350 pessoas.

Acontece que precisávamos de alguém para apresentar o evento. Pensei que, como idealizador do livro e organizador principal, eu deveria apresentar. Dia 06 de junho de 2019. Nunca esquecerei essa data, pois lancei meu primeiro livro e também é o aniversário da minha amada irmã Simone. Foi uma tarde inteira e fizemos três palestras. Fiz uma e outras duas pessoas amigas fizeram as outras.

O fato é que apresentei o evento, chamando as pessoas e conectando as palestras, coisa que não é muito comum nesse mercado de eventos. Geralmente você contrata um Mestre de Cerimônia que faz um trabalho mais profissional, lendo scripts etc. É um trabalho muito importante, mas no meu caso, na minha primeira vez, eu fiz do meu jeito e da minha cabeça, sem roteiro, só falando o que me dava na telha. Foi um dia emocionante, porque demorei mais de 10 anos para lançar um livro e lá tinham pessoas amadas e muitos amigos.

Depois disso escrevemos mais livros e sempre fazíamos eventos de lançamento comigo sendo o Mestre de Cerimônias, conectando uma palestra com a outra. Além dos eventos com nossos autores da Jornada Colaborativa, apresentei também eventos em parceria com empresas amigas: Jornada Ágil by Lojas Renner, Jornada Banco PAN, Jornada Banco Carrefour. Você conhecerá melhor esse trabalho voluntário quando chegar no traço de amabilidade.

E eu não sabia que existia esse trabalho profissionalmente. Acontece que, em 2022, surgiu a oportunidade de eu apresentar um evento grande no Rio de Janeiro, o maior evento de IA e RPA do Brasil, graças à minha amiga, Ana Cláudia Rodrigues, que liderou o livro "Jornada RPA e Hiperautomação".

Surgiu uma parceria, pois a pessoa responsável pelo evento, que agora é um grande amigo e parceiro, Eduardo David, me perguntou se eu conhecia alguém no Rio de Janeiro que pudesse apresentar o evento. Naquele momento eu já tinha apresentado mais de 30 eventos da Jornada Colaborativa, então falei para ele que eu fazia esse papel nos meus eventos de maneira mais informal. Ofereci meu serviço como uma parceria com ele. Hoje em dia temos uma grande amizade e eu tenho uma admiração enorme pelo Eduardo.

Atualmente eu rodo pelo Brasil inteiro, por mais de 10 cidades, como apresentador oficial do evento, fazendo do meu jeito, conectando uma palestra com a outra. Então estou mostrando para você como uma pessoa introvertida no passado hoje é apresentadora do maior evento de IA e RPA do Brasil.

Essa habilidade estava guardada em mim e eu fui desenvolvendo. Talvez você se ache muito introvertido(a), mas será que você não consegue descobrir algo surpreendente sobre você? Pode estar no seu DNA, mas mesmo se não estiver, você ainda pode desenvolver.

Atualmente, além de apresentar a minha palestra, eu ainda faço a abertura do evento e empresas ainda me contratam para fazer palestras, workshops e dar treinamentos. Além disso, temos uma empresa apenas para capacitação corporativa, e geralmente sou eu quem faz os workshops e dou os treinamentos. Claro, nós temos uma equipe de especialistas em temas que eu não domino ou que me cobre quando minha agenda não permite, mas geralmente eu gosto de ir.

A conclusão é que se eu tivesse me fechado para as oportunidades, talvez hoje eu não tivesse conquistado o que conquistei. O que está no seu DNA é 50% de fábrica e está aí como um facilitador de quem você é. Porém, desenvolver os outros 50% dependem apenas de você.

Você vai perceber ao longo do livro que os traços de personalidade conversam entre si, ou seja, às vezes um grau alto que você tem de conscienciosidade pode influenciar em algum aspecto o seu grau de amabilidade, por exemplo.

E falando em amabilidade, você aprofundará na próxima parte o porquê de o traço de amabilidade ser um aspecto fundamental para as relações humanas.

Você entenderá como ele impacta na sua capacidade de formar conexões genuínas, colaborar e lidar com conflitos. Entenda como a amabilidade sem assertividade pode ser tão perigosa...

PARTE 5

Amabilidade X Combatividade

O que você verá neste bloco?

15 As seis facetas da amabilidade

Franqueza
Modéstia
Complacência
Altruísmo
Sensibilidade
Confiança

16 Impacto nas profissões

17 Histórias da minha carreira

Executivo que odiava pessoas
Minha dificuldade em reuniões
Jornada Colabrorativa

Capítulo 15

As seis facetas da amabilidade

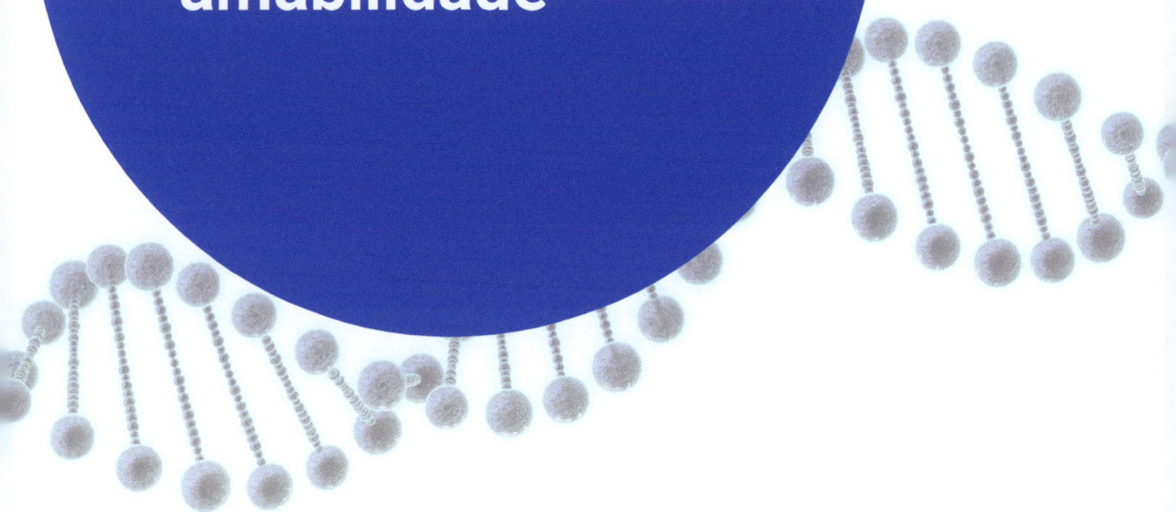

O traço de personalidade da amabilidade é caracterizado pelas facetas franqueza, modéstia, complacência, altruísmo, sensibilidade e confiança.

15.1. Franqueza

As **pessoas com baixo grau na faceta franqueza** são mais cautelosas e muitas vezes enganam; elas podem puxar o saco do chefe e estar bem com quem é poderoso. Por mais que essas pessoas achem que estão enganando os outros, um dia a casa cai. São pessoas que por muitas vezes falam coisas só para se darem bem. Ao longo do tempo, aparecerão pessoas que só querem se aproveitar de você, e por isso é necessário sempre estar alerta para poder identificar, na nossa vida, quem são as pessoas mais e menos francas.

Já as **pessoas com alto grau na faceta franqueza** geralmente não vão mentir para você. Elas são muito diretas e honestas. Já reparou que existem pessoas que não gostam de mentir, que elas falam a verdade e às vezes, dependendo da situação, acabam se prejudicando? Por exemplo, no caso de um chefe todo grosseiro, se você falar o que pensa dele no meio de uma reunião, você pode acabar se dando mal. Então, é necessário sempre saber a hora de sermos francos e não nos empolgarmos demais nessa franqueza, falando na hora errada. Quando essas pessoas falam de forma assertiva, são pessoas com relacionamentos baseados na transparência e sinceridade e geralmente conseguem criar relacionamentos de longo prazo.

Pessoas com baixo grau	Pessoas com alto grau
Evitam conflitos diretos	Expressam opiniões abertamente
Preferem harmonia social	Transparência nas interações
Tendem a ser diplomáticas	Honestidade sem reservas
Suprimem críticas	Têm comunicação direta
Evitam confrontos	Falam o que pensam

15.2. Modéstia

As **pessoas com um baixo grau na faceta modéstia** vão ressaltar muito seus próprios méritos e suas conquistas e vão falar pouco da contribuição dos outros. Elas aceitam elogios sem constrangimentos e geralmente não dividem os elogios com os demais – elas gostam de pensar que são incríveis. Uma liderança com um baixo grau de modéstia pode ter problemas no médio e longo prazos, pois as pessoas na equipe querem ser valorizadas. Se a liderança pega os méritos só para ela, isso dará problema no futuro, visto que trabalhos grandes e incríveis nunca são feitos por uma pessoa só. Se alguém aceita todos os elogios, inclusive aqueles que não são dela, fica feio e todo mundo percebe. O bom é que, se você erra nisso, dá para mudar. Essa é a parte legal de conhecer o que a ciência fala sobre o perfil comportamental.

Já as **pessoas com alto grau na faceta modéstia** costumam minimizar suas próprias realizações, dando crédito para os outros.

Você conhece pessoas incríveis que fazem coisas incríveis, mas que não querem holofote? Essa pessoa provavelmente tem alto grau do traço da amabilidade da faceta modéstia.

Muitas vezes, quando são elogiadas, elas não aceitam os elogios. No passado, eu era muito assim. Eu vejo muito isso na minha filha Luísa: quando a elogiamos por fazer algo bem feito, ela não aceita. Contudo, isso pode ser prejudicial, pois muitas vezes quando alguém o elogia e você nega com veemência o elogio, a pessoa que está elogiando pode ficar sem graça. Pensa só, se você elogia uma pessoa que é muito modesta e ela não aceita, parece que ela não está acreditando no elogio. Afinal, existem pessoas que elogiam apenas para se dar bem. Errei muito nisso, quando as pessoas me elogiavam em palestras, por exemplo. Se alguém elogia você, comece a aceitar, mesmo que se sinta modesto. Reflita sobre isso.

Pessoas com baixo grau	Pessoas com alto grau
Tendem a ser arrogantes	Demonstram humildade
Buscam reconhecimento	Evitam autopromoção
Sentem-se superiores	Reconhecem suas limitações
Gostam de se exibir	Preferem discrição
Costumam ser resistentes a críticas	Fazem autocrítica e aceitam críticas alheias

15.3. Complacência

Se você tem um baixo grau de complacência, quando alguém erra com você, você vai criticar e ser exigente, muitas vezes com uma exigência que não é cabível naquele momento.

As **pessoas com baixo grau na faceta complacência** têm dificuldade de se adequar aos outros por quererem a perfeição, mesmo que seja impossível para quem está começando um trabalho, por exemplo.

Imagine se uma liderança delega uma ação para alguém e é extremamente crítica com o resultado? Talvez essa liderança esteja fazendo essa atividade há anos, então, quando passar a bola para alguém, esse alguém fará essa atividade de um jeito diferente, geralmente com um nível de excelência menor. Nesses casos, a liderança precisa ser mais complacente. Se uma liderança tem baixo grau de complacência, a chance de dar problema após delegar uma tarefa é alta, pois as pessoas vão ter medo de errar. Os erros devem ser aceitos quando a pessoa está disposta a melhorar continuamente. É claro que não dá para ficar deixando as pessoas errarem por displicência com coisas básicas, mas devemos ser complacentes com quem merece. Pessoas com baixo grau de complacência adoram conflitos e brigam por qualquer motivo, não necessariamente fisicamente, mas verbalmente também (até um bom dia pode ser motivo para briga).

Contudo, em alguns momentos, ter um baixo grau de complacência pode ser bom, pois às vezes pessoas muito complacentes deixam as outras "pisarem em cima" delas, ignorando situações ruins que os outros causam. Nesses casos, não ser tão complacente pode ajudar a não ser feito de bobo por outras pessoas com frequência. O equilíbrio é a chave para tudo.

Já as **pessoas com alto grau do traço da amabilidade da faceta complacência** são mais tolerantes, aceitam os outros como eles são, inclusive as falhas. Ninguém vive sozinho, e pessoas com alto grau de complacência geralmente têm amizades mais duradouras. Elas são adaptáveis e conseguem lidar com vários pontos de vista diferentes. Além de evitarem conflitos, elas procuram manter um ambiente harmonioso.

Contudo, isso pode ser perigoso, pois às vezes essas pessoas não enfrentam o que precisa ser enfrentado na vida profissional e pessoal. Por exemplo, se uma liderança vê que as coisas estão saindo de maneira errada, mas não faz nada para evitar conflitos, com certeza vai "dar ruim". A liderança precisa cobrar e estipular um nível de excelência para as pessoas seguirem. É claro que as pessoas vão aprender, mas não é sábio ser complacente com o erro. Se uma pessoa sempre entrega as coisas em atraso e não dá feedback, não dá para ser complacente, é necessário cobrar resultados, por isso o equilíbrio é importante. As pessoas com esse alto grau de complacência não costumam gostar de dar feedback. Evitam intervir por não querer confronto em uma situação importante, como a educação dos seus filhos, que precisam de feedbacks duros às vezes, ou o seu próprio trabalho, que pode depender de outras pessoas. Isso geralmente acaba em consequências drásticas no futuro.

Pessoas com baixo grau	Pessoas com alto grau
Defendem suas opiniões	Evitam confrontos diretos
São assertivos em conflitos	Buscam manter a paz
São resistentes às manipulações	Cedem facilmente
São firmes em negociações	São flexíveis em negociações
Confrontam injustiças	Toleram pequenas injustiças

15.4. Altruísmo

As **pessoas com baixo grau na faceta altruísmo** costumam ajudar somente quando sentem que vão ser beneficiadas. Elas não se preocupam com as pessoas ao redor e isso pode ser por uma falta de empatia. Temos sempre uma inclinação a sermos muito altruístas, pouco altruístas ou ficarmos na média. Contudo, podemos também permanecer alertas sobre essa situação e melhorar conforme o necessário. Os traços que atrapalham na sua vida profissional e pessoal sempre podem ser melhorados.

Já as **pessoas com alto grau na faceta altruísmo** têm uma disposição forte para ajudar as pessoas naturalmente. Elas se sentem bem emocionalmente quando ajudam. Essas pessoas naturalmente colaboram e cooperam, sendo generosas, e muitas vezes compartilham o seu tempo, dinheiro e conhecimento. Quando você ajuda pessoas que também têm essa cabeça, você cria uma conexão incrível que vai perpetuar. O perigo é ajudar pessoas aproveitadoras que vão apenas sugá-lo até onde puderem e vão abandoná-lo quando enxergarem que não conseguem mais tirar proveito de você. Às vezes isso pode acontecer inclusive em um casamento. Se uma pessoa casada foge de conflito por querer harmonia e o(a) parceiro(a) só quer brigar para se dar bem, esse casamento pode durar anos, mas só uma dessas pessoas está feliz, o(a) sugador(a). Reflita sobre isso na sua empresa, se você não está apenas sugando os outros ou sendo sugado por eles.

Pessoas com baixo grau	Pessoas com alto grau
Focam em interesses próprios	Focam em ajudar os outros
São menos empáticos	Têm alta empatia
São relutantes em ajudar	Prontas para ajudar
Pouca preocupação com os outros	Têm preocupação genuína com os outros
São egoístas em situações sociais	São generosas em situações sociais

15.5. Sensibilidade

As **pessoas com baixo grau na faceta sensibilidade** não são tão intensas em suas reações emocionais. Caso você dê um feedback negativo para ela, talvez a pessoa nem ligue ou simplesmente aceite e diga "obrigado, vou melhorar".

Já as **pessoas com alto grau na faceta sensibilidade** são naturalmente empáticas e sentem a dificuldade do outro. Elas têm uma habilidade natural para perceber como o outro está se sentindo. As reações emocionais de uma pessoa com grau elevado de sensibilidade são muito mais intensas.

Fazendo o roteiro deste livro, me lembrei do meu filho Lucas, que, quando era mais novo, sofria com as pessoas que moram na rua a ponto até de chorar, e isso é prejudicial. Do mesmo modo, se um médico começar a chorar ao atender alguém que está chorando por estar em uma situação difícil, ele não terá condições de trabalhar racionalmente para resolver o problema. Existem profissões que podem prejudicar as pessoas com alto grau de sensibilidade.

Perceba que, no mesmo traço de amabilidade, as pessoas que têm grau alto da faceta da franqueza podem se sair bem se tiverem cuidado, mas as pessoas que têm um alto grau na faceta da sensibilidade podem ter problemas sérios.

Se alguém dá um *feedback* negativo sobre um trabalho que uma pessoa com alto grau alto de sensibilidade fez, essa pessoa pode se sentir tão impactada que talvez ela nunca mais tente algo novo. Por isso, os pais e líderes precisam ter cuidado na hora de dar feedbacks.

Somos seres humanos e o nosso DNA é muito parecido, mas cada um tem um perfil e uma personalidade diferente. Até mesmo gêmeos vão ser idênticos em algumas coisas e muito diferentes em outras.

Percebe o poder da palavra? Cuidado com o feedback que você dá e como você dá. Pessoas sensíveis podem sofrer dias, meses ou até a vida inteira. Isso acontece quando pais dão um feedback duro a uma criança com a faceta de sensibilidade muito alta, por exemplo, e ela começa a achar que não consegue fazer as coisas. Isso pode acontecer com a liderança também.

Pessoas com baixo grau	Pessoas com alto grau
Têm pouca empatia	Têm alta empatia
São indiferentes aos sentimentos alheios	São sensíveis aos sentimentos
São menos compassivas	São altamente compassivas
Desconsideram emoções alheias	Consideram as emoções alheias
Têm pouca preocupação emocional	Têm alta preocupação emocional

15.6. Confiança

As **pessoas com baixo grau na faceta confiança** são mais reservadas. Elas desconfiam de tudo e de todos, geralmente ficam receosas até de falar algo sobre si mesmas e sofrem muito quando são traídas. Imagino que deva ser uma situação muito triste "viver pisando em ovos", pensando que não pode confiar em ninguém, pois nosso subconsciente e o nosso organismo estarão em total alerta o tempo todo. O estresse pode ser ótimo, estar alerta é bom quando você precisa, por exemplo, apresentar algo em público, mas o estresse vai diminuindo com o tempo. No caso das pessoas desconfiadas, o estresse não baixa, pois elas pensam que podem ser atacadas a qualquer momento, gerando ansiedade e uma série de outras coisas negativas. A minha recomendação é: comece a escolher melhor as pessoas ao seu redor e confie 100% nelas. Uma ou outra vai decepcioná-lo, mas até mesmo os seus próprios filhos vão decepcionar você, isso é normal, somos humanos. Entretanto, precisamos ficar alertas com as pessoas que erram de maneira intencional apenas para tirar proveito de você. Dessas pessoas precisamos tomar distância e deixar a vida seguir seu próprio rumo.

Já as **pessoas com alto grau na faceta confiança** naturalmente acreditam muito nas outras. Elas preferem, mesmo que tenham dúvidas, confiar do que deixar de confiar. Isso pode ser perigoso, mas também pode ser ótimo a longo prazo se elas souberem lidar com isso. Essas pessoas fazem conexões facilmente, compartilham experiências pessoais e às vezes se empolgam demais falando coisas que talvez não deveriam falar, por terem muita confiança. Essas pessoas são menos propensas a interpretar as ações das outras pessoas com malícia e conseguem superar adversidades e traições.

Recentemente aconteceu uma situação que fez com que minha confiança fosse quebrada: confiei plenamente na palavra de uma pessoa em uma situação de negócios, pois para mim a palavra é tão valiosa quanto uma assinatura de contrato, e acabei me prejudicando bastante. Eu me senti um bobo por confiar e dar benefícios para a pessoa e a empresa. Contudo, eu não deixarei de acreditar nos outros, pois sei que aparecerá gente boa e honesta e eu seguirei minha vida. Se de dez pessoas que passam na sua vida, cinco o decepcionarem, você não pode desconfiar das outras cinco que forem honestas. Entende a questão? Se, de dez pessoas, nove decepcionarem, você não pode tratar com desconfiança aquela única que foi honesta.

Por isso, eu digo que quero pessoas no meu convívio nas quais eu realmente confie, e naturalmente vamos tendo livramentos. Quando ficamos alertas, acabamos percebendo e deixando de acreditar em todos. Podemos até dar oportunidade a todos, mas criamos mais vínculo com as pessoas que merecem sua confiança e a vida segue.

Pessoas com baixo grau	Pessoas com alto grau
São desconfiadas dos outros	Confiam facilmente
São céticas em relações	Acreditam na boa-fé dos outros
Suspeitam de intenções das pessoas	Veem o melhor nas pessoas
São relutantes em compartilhar	Compartilham abertamente
Guardam ressentimentos	Perdoam facilmente

Capítulo 16

Impacto nas profissões

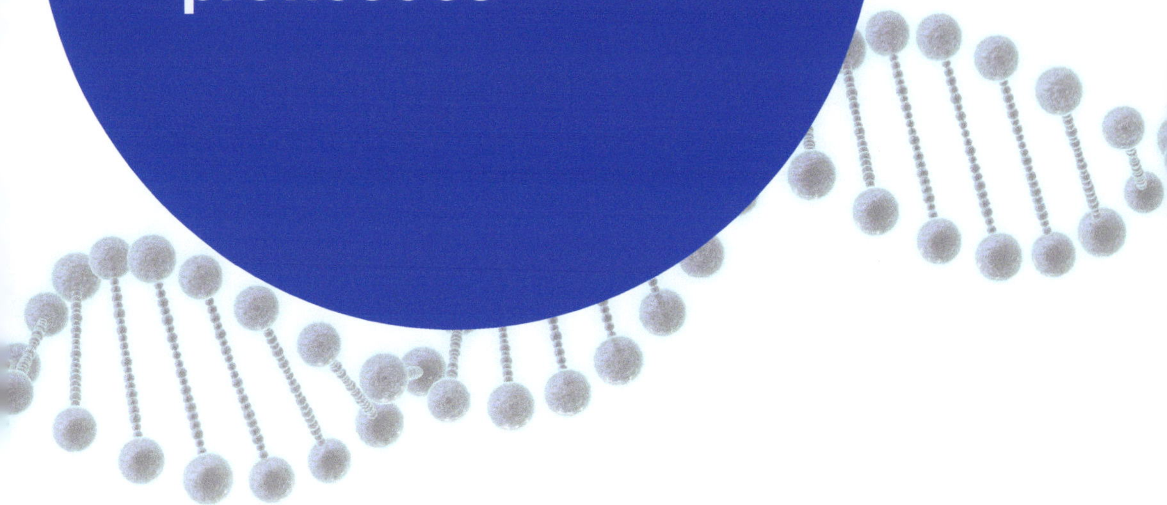

As **pessoas com baixo grau no traço de personalidade da amabilidade** podem se destacar em profissões que valorizam a objetividade, a análise crítica e a tomada de decisões assertivas.

Algumas profissões que podem ser mais indicadas para essas pessoas são:

1. **Advogado de litígios**

O advogado de litígios defende seus clientes em disputas legais, muitas vezes em ambientes com adversários. A profissão exige habilidades de argumentação, assertividade e capacidade de lidar com conflitos e críticas de maneira direta e eficaz.

2. Executivo de negócios

O executivo toma decisões estratégicas e gerencia operações corporativas. A profissão requer habilidades de liderança, competitividade e capacidade de tomar decisões difíceis que podem não agradar a todos, focando nos resultados e no sucesso da empresa.

3. Analista financeiro

O analista financeiro avalia os dados financeiros e faz recomendações de investimento. A profissão exige uma abordagem crítica e analítica, com foco em resultados e desempenho financeiro, muitas vezes sem a necessidade de considerar as sensibilidades pessoais dos envolvidos.

4. Desenvolvedor de software

O desenvolvedor de software cria e mantém programas e sistemas. A profissão permite uma abordagem direta e focada na resolução de problemas técnicos, com menos necessidade de interações sociais e preocupações com a harmonia do grupo.

5. Engenheiro de sistemas

O engenheiro de sistemas projeta e implementa sistemas complexos. A profissão exige habilidades técnicas e analíticas, com foco na eficiência e na funcionalidade, muitas vezes em ambientes onde a franqueza e a crítica construtiva são valorizadas.

6. Cientista de dados

O cientista de dados analisa grande volume de dados para extrair insights e tomar decisões informadas. A profissão requer uma abordagem crítica e analítica, com foco em resultados objetivos e mensuráveis, sem a necessidade de alta sensibilidade social.

7. **Consultor de gestão**

O consultor de gestão aconselha empresas sobre estratégias e operações. A profissão exige habilidades de análise crítica, assertividade e capacidade de fazer recomendações que podem ser impopulares, mas necessárias para o sucesso organizacional.

8. **Arquiteto de soluções**

O arquiteto de soluções projeta sistemas de TI que atendem às necessidades de negócios. A profissão exige habilidades técnicas e analíticas, com foco na eficiência e na funcionalidade, muitas vezes em ambientes onde a franqueza e a crítica construtiva são valorizadas.

9. **Investigador privado**

O investigador privado coleta informações e resolve casos. A profissão exige habilidades de análise crítica, assertividade e capacidade de lidar com situações adversas e pessoas difíceis, com foco na obtenção de resultados.

10. **Desenvolvedor de jogos**

O desenvolvedor de jogos cria e programa videogames. A profissão permite uma abordagem direta e focada na resolução de problemas técnicos e criativos, com menos necessidade de interações sociais e preocupações com a harmonia do grupo.

Já as **pessoas com alto grau no traço de personalidade da amabilidade** tendem a se destacar em profissões que valorizam o cuidado com os outros, a empatia e a habilidade de trabalhar em equipe.

Algumas profissões que podem ser mais indicadas para essas pessoas são:

1. **Assistente social**

O assistente social trabalha para melhorar o bem-estar de indivíduos e comunidades. A profissão exige empatia, altruísmo e capacidade de construir confiança com os clientes, além de uma forte sensibilidade para as necessidades dos outros.

2. **Enfermeiro**

O enfermeiro cuida de pacientes e oferece suporte emocional e físico. A profissão requer um alto grau de sensibilidade, altruísmo e capacidade de criar um ambiente acolhedor e confiável para os pacientes, muitas vezes em situações de alta pressão.

3. **Psicólogo**

O psicólogo ajuda indivíduos a lidar com problemas emocionais e comportamentais. A profissão exige empatia, sensibilidade e capacidade de construir confiança e oferecer suporte de maneira não julgadora, promovendo o bem-estar mental.

4. **Professor de educação infantil**

Este professor cuida e educa crianças pequenas. A profissão requer paciência, sensibilidade e a capacidade de criar um ambiente acolhedor e seguro, além de promover o desenvolvimento emocional e social das crianças.

5. **Terapeuta ocupacional**

O terapeuta ocupacional ajuda indivíduos a desenvolver habilidades para a vida diária e o trabalho. A profissão exige empatia, sensibilidade e capacidade de oferecer suporte personalizado e encorajador, promovendo a independência e a qualidade de vida.

6. **Mediador de conflitos**

O mediador de conflitos ajuda a resolver disputas de maneira pacífica e justa. A profissão requer habilidades de comunicação, empatia e capacidade de criar um ambiente de confiança e compreensão, promovendo soluções colaborativas.

7. Nutricionista

O nutricionista aconselha indivíduos sobre hábitos alimentares saudáveis. A profissão exige empatia, sensibilidade e capacidade de construir confiança com os clientes, oferecendo suporte personalizado e encorajador para melhorar a saúde e o bem-estar.

8. Fisioterapeuta

O fisioterapeuta ajuda pacientes a recuperar a mobilidade e a função física. A profissão requer empatia, sensibilidade e capacidade de oferecer suporte físico e emocional, promovendo a recuperação e a qualidade de vida dos pacientes.

9. Conselheiro escolar

O conselheiro escolar ajuda estudantes a lidar com questões acadêmicas, sociais e emocionais. A profissão exige empatia, sensibilidade e capacidade de criar um ambiente de confiança e apoio, promovendo o desenvolvimento e o bem-estar dos estudantes.

10. Especialista em RH

O especialista em recursos humanos gerencia o recrutamento, treinamento e bem-estar dos funcionários. A profissão requer empatia, sensibilidade e capacidade de construir um ambiente de trabalho positivo e colaborativo, promovendo a satisfação e o desenvolvimento dos funcionários.

Capítulo 17

Histórias da minha carreira

Neste capítulo, contarei situações reais da minha carreira sobre o traço de amabilidade para gerar reflexão e aprendizados para sua vida.

17.1. Executivo que odiava pessoas

Trabalhei com um executivo que falava claramente que odiava pessoas. Essa pessoa nunca deveria ter assumido um cargo de liderança.

No passado, as empresas erraram muito na escolha de lideranças, considerando apenas o critério técnico. Quando tem um profissional muito competente em uma empresa, por medo de perdê-lo, a empresa enxerga a necessidade de dar um salário maior para mantê-lo. E para justificar o aumento de salário, a empresa vai promover esse excelente profissional técnico cargo a cargo: coordenador, gerente, superintendente etc. Entretanto, o profissional em questão, que é muito competente tecnicamente, se torna um péssimo líder.

Trabalhei com um executivo assim e foi uma das piores experiências da minha vida profissional. Essa pessoa não tinha problema em falar abertamente que achava o RH e a liderança de pessoas uma besteira, mas a empresa engolia. O problema disso tudo é que o líder dá o tom. Quando tem um executivo que fala que não gosta de pessoas e não liga para o RH, ele vai criticar todas as ações que envolvam melhoria de liderança ou do RH, por exemplo. Ele está passando para a equipe dele que esse tipo de coisa não presta e está, consequentemente, formando outros péssimos líderes no futuro. Geralmente, as pessoas são espelhos da liderança, assim como os filhos são espelhos dos pais. Esse executivo não possuía empatia pelas pessoas, tinha um grau baixo de amabilidade, mas adorava aparecer e queria estar sempre em evidência.

Somos seres sociais, e as pessoas com baixa amabilidade geralmente são as que ganham muito resultado a curto prazo, mas a médio e longo prazos vão viver sozinhas, o que pode acarretar problemas como depressão, por exemplo. Certamente na sua carreira você tolera um monte de coisas. Quando você não precisar mais engolir essas coisas, você parte para outra – é assim que funciona. Se você dá uma festa, você chama quem você quer; e se você vai em uma festa, geralmente é uma festa de quem você gosta. Quando eu sabia que haveria reunião com aquele chefe, eu já sofria por antecipação. A ansiedade vem disso, de se preocupar com coisas que não aconteceram ainda. Quando ele não podia ir à reunião, para mim era um alívio.

Então, cuidado para não se espelhar nesse tipo de pessoa com muito resultado a curto prazo, pois a médio e longo prazos ela vai comemorar sozinha esses resultados. Contudo, é possível aprender até mesmo com esses exemplos ruins. Eu brincava dizendo que eu aprendia o que não fazer com a minha equipe. Até quem faz as coisas erradas pode ser um baita professor na sua carreira, pois você aprende o que não fazer.

17.2. Minha dificuldade em reuniões

Em alguns momentos, tive muita dificuldade em reuniões. No início da minha carreira eu era muito "bobinho", devido à franqueza. Se eu sentia que alguém estava falando algo que não era muito correto, eu acabava falando demais. Quem é muito franco às vezes se arrebenta. O ruim disso é que tem gente que é maliciosa. Algumas pessoas vão induzir você a falar por elas, dizendo ser muito importante falar essas coisas em reuniões. A consequência disso é que as outras pessoas vão se abster da imagem de "mau da história", que agora é sua, por você falar o que essas pessoas não falaram, mas o induziram a falar. Se você se preocupa verdadeiramente com os resultados e ajuda as pessoas, você tem um alto grau de franqueza, então tome esse cuidado para não se queimar sozinho.

Quando eu era estagiário, tinha uma pessoa com muita dificuldade de se relacionar. Quando falei com ela que às vezes ela dizia coisas de um jeito grosseiro, apesar de não ter feito por mal, essa pessoa veio igual um monstro para cima de mim. Era melhor não ter falado nada, porque geralmente as pessoas mais grosseiras têm menos amabilidade, sabemos muito bem disso.

Então, tome cuidado para não ser muito honesto, pois você pode estar no meio de lobos e tubarões e pode acabar sangrando ao lado desses tubarões.

Uma coisa que não foi tão ruim é que eu evitava conflito com pessoas tóxicas. Eu sabia que eu podia expor minha opinião se eu tivesse razão, mas havia pessoas tão tóxicas que eu preferia não falar nada para elas. Aprendi que essas pessoas que têm um baixo grau de humildade, querem estar sempre certas, mesmo estando erradas. Contudo, elas precisam ser confrontadas com profundidade. Se você tiver que se posicionar, você precisa estar preparado. Percebi que em alguns momentos era estratégico eu dar a minha opinião. Deixei de ser a pessoa bobinha que ficava quieta ou falava muito honestamente o tempo todo e comecei a ser mais estratégico.

Comecei a ser mais respeitado quando eu me posicionava com profundidade. Houve situações em que essas pessoas tóxicas traziam argumentos muito superficiais. Elas não tinham profundidade, mas tinham um reconhecimento por serem especialistas, e por isso ninguém debatia. Lembro-me de uma situação em que o executivo do caso anterior, que não gostava de pessoas, disse coisas sem sentido na presença de executivos acima dele e eu tinha propriedade para falar sobre aquele tema. Então, coloquei a minha opinião de boa, mas ele quis debater comigo, apesar de estar errado. Até mesmo um dos executivos acima dele decidiu intervir a meu favor. Infelizmente, eu acabei arrumando um inimigo, porque esse tipo de gente é muito vaidosa. Entretanto, por outro lado, acabei sendo muito mais respeitado, porque eu não fui agressivo, eu só coloquei a minha posição. Então, você precisa ser estratégico a vida toda, sempre avaliando a hora certa de se posicionar. Os outros executivos começaram a me respeitar mais porque fui contra uma opinião que estava errada mesmo. Eu não queria aparecer e ter razão, mas entregar uma informação válida.

17.3. Jornada Colaborativa

A Jornada Colaborativa é uma comunidade que reúne grandes executivos e especialistas nos temas de Tecnologia, Negócios e Carreira para escrita de livros que lançamos com a Editora Brasport.

Na verdade, o nosso trabalho transcende um projeto de escrita; é um movimento de compartilhamento de conhecimentos e experiências. Nossa missão é ajudar na formação de novas lideranças e promover o desenvolvimento pessoal e profissional.

A maioria dos autores na Jornada Colaborativa tem alto grau de amabilidade e quer contribuir para um mundo melhor.

Desde a sua criação em 2019, temos impactado positivamente muitas vidas, tanto de leitores quanto de participantes dos eventos, com a doação de R$ 553 mil em eventos de lançamento de 41 livros até o momento.

Atualmente sou presidente da Brasport, mas fundei a Jornada Colaborativa quando concretizei o sonho do primeiro livro Jornada DevOps. Atraímos, no bom sentido, pessoas especialistas nas suas áreas, executivos de referência, mostramos nosso propósito e essas pessoas contribuem para a escrita de um ou mais capítulos de livros.

Temos um time voluntário admirável de curadoria e organização, que faz uma revisão extremamente comprometida com a qualidade do livro. Depois que todos os processos são feitos, lançamos os livros unindo a inteligência coletiva das pessoas. Em vez de dividir os direitos autorais com os autores, nós doamos para instituições homologadas.

Além de contribuir com instituições confiáveis, contribuímos nas campanhas para ajudar em tragédias que ocorreram em Petrópolis, no Rio de Janeiro. Mais recentemente, conseguimos doar para o Rio Grande do Sul, que passou por uma situação crítica e sem precedentes.

Quando você planta o bem, você colhe o bem. Você não pode ser bobinho(a), mas quanto mais você for uma pessoa amável, mais as outras pessoas vão atrás de você – e geralmente são pessoas do bem, pois pessoas do bem gostam de estar perto de pessoas do bem. Naturalmente surgirão novas amizades e grandes parcerias.

Nunca imaginei que a Jornada Colaborativa chegasse a ter esse tamanho todo. Meu sonho era lançar um livro depois que terminei o mestrado em 2007. Esperei 12 anos para lançar meu primeiro livro e hoje tenho mais de 40 livros lançados.

Estou dando esse exemplo porque, do seu jeito, com alto grau de amabilidade, você também pode fazer coisas grandes. Pode demorar (afinal, a Jornada Colaborativa levou cinco anos para atingir o resultado atual), mas são resultados a curto prazo, mas eles não são sustentáveis a longo prazo. Lá na frente essa pessoa terá conquistado muitas coisas, mas não terá ninguém ao lado dela. Às vezes, nem a família quer estar próxima de alguém assim, e isso é muito triste.

Pense nisso: é melhor se decepcionar com uma ou duas pessoas, mas ter sua consciência tranquila de que você é uma pessoa do bem. Muitas vezes ouvi que precisava ser mais duro nas reuniões das empresas, mas pensava que essa não era minha essência. No curto prazo eu perdia, mas ganhava a longo prazo. Então, quero deixar essa mensagem final relacionada com o traço da amabilidade: se a sua essência é ser amável, continue sendo. Contudo, também não seja muito bobinho com quem só quer se aproveitar de você. Seja legal com quem é legal, e você acabará indo muito longe na sua carreira e sentindo orgulho do que faz.

Na próxima parte você aprenderá como o traço neuroticismo está presente nas nossas vidas e como podemos identificar quais facetas podem prejudicar a sua carreira.

“

Mantenha sua essência colaborativa, mas seja assertivo com sugadores...

”

PARTE 6

Neuroticismo X Estabilidade

O que você verá neste bloco?

Capítulo 18

As seis facetas do neuroticismo

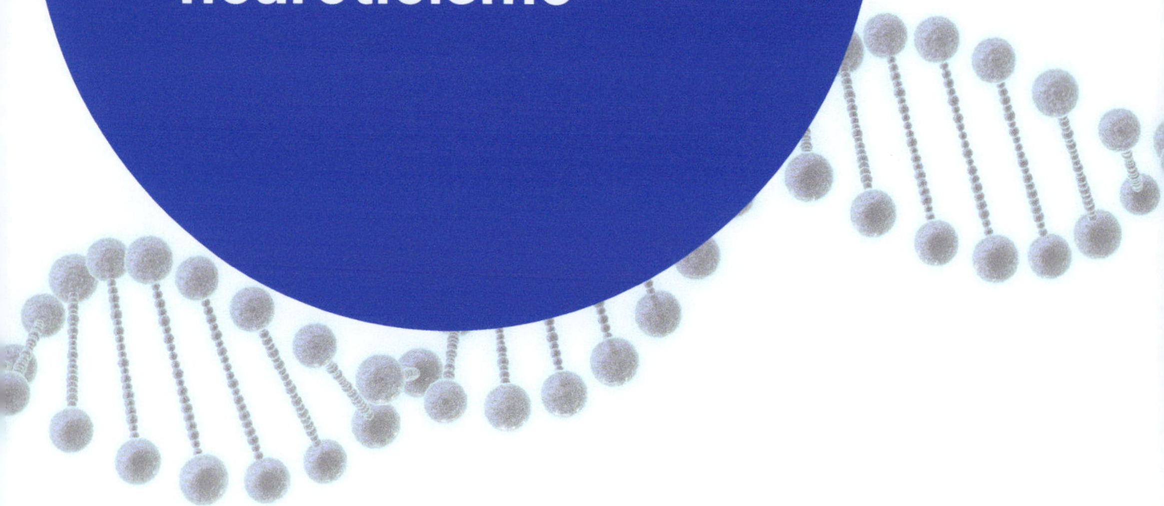

Quando falamos de neuroticismo, fica subentendido que uma pessoa com alto grau desse traço de personalidade será bastante neurótica. Será aquela pessoa pessimista, que às vezes é muito impulsiva negativamente e faz coisas muito erradas quando se vê em uma situação negativa. Talvez esse traço esteja muito ligado à depressão ou à hostilidade. Com base no que estamos trabalhando aqui em cada um dos casos, eu vou apresentar, então, as seis facetas desse perfil.

18.1. Depressão

Começamos aqui com a primeira faceta, aquela que é a mais crítica de todas: a depressão. Nessa faceta você vai ter pessoas que, quando apresentam elevado grau, têm até que buscar uma ajuda profissional de um psicólogo ou de um psiquiatra. As pessoas com depressão se sentem constantemente tristes, têm baixíssima autoestima, não confiam em si mesmas, estão frequentemente desanimadas e desmotivadas e possuem uma visão negativa e pessimista da vida. Espero que não seja o seu caso.

As **pessoas com baixo grau na faceta depressão** são geralmente otimistas e autoconfiantes. Elas raramente desanimam quando estão diante de um obstáculo. São pessoas que têm uma visão positiva da vida. Mesmo quando a situação não está boa, elas conseguem encarar melhor os desafios da vida.

Em uma empresa, por exemplo, pessoas que têm baixo grau da faceta depressão buscam desafios novos, se apresentam para o jogo e confiam que, mesmo tendo dificuldade, elas vão superar os problemas.

Já as **pessoas com alto grau na faceta depressão** possuem uma vulnerabilidade emocional muito alta, são muito instáveis e não conseguem assumir desafios por se sentirem constantemente sobrecarregadas.

Então, se você conhece alguém assim, seja da sua família ou não, você precisa orientar essa pessoa. Se for o seu caso, busque ajuda profissional, porque aqui neste livro não tem como eu me aprofundar sobre a sua situação, até porque não sou psiquiatra nem psicólogo.

Eu vou reforçar cada vez mais que cada um dos traços de personalidade vem do berço do DNA, mas a gente pode trabalhar para melhorar aqueles traços que nos atrapalham pela falta ou pela abundância deles.

Pessoas com baixo grau	Pessoas com alto grau
Sentem-se geralmente otimistas	Tendem a se sentir frequentemente tristes
Têm alta autoconfiança e autoestima	Têm baixa autoconfiança e autoestima
Raramente se sentem desanimadas	São desanimadas e desmotivadas
Mantêm uma visão positiva da vida	Têm uma visão negativa e pessimista da vida
Têm resiliência emocional elevada	Têm vulnerabilidade emocional elevada
Enfrentam desafios com esperança	Sobrecarregadas nos desafios
Têm pouca tendência a sentimentos de culpa	Sentem-se frequentemente culpadas

18.2. Ansiedade

As **pessoas com baixo grau na faceta de ansiedade** são mais tolerantes, mais calmas, relaxadas, de boa, menos preocupadas de maneira excessiva com as coisas. Elas têm mais confiança, reagem equilibradamente e têm menos propensão a ataques de pânico.

Já as **pessoas com alto grau na faceta de ansiedade** não toleram bem o estresse e se sentem preocupadas constantemente. Elas não vivem, estão sempre ansiosas, estão sempre antecipando coisas que nunca vão acontecer ou têm pouquíssimas chances de acontecer. Essas pessoas têm uma reação exagerada diante de alguns problemas e podem ter ataques de pânico com mais frequência. Ou seja, as preocupações muitas vezes são imaginárias.

Eu sempre falo que se uma pessoa com elevado grau de preocupação, nesse caso aqui, ansiedade, quiser trabalhar gerenciando riscos, por exemplo, essa faceta pode ajudar, porque ela vai pensar em coisas que ninguém pensou.

E aí, nas minhas aulas, muitas vezes eu faço uma brincadeira quando falo de gestão de projetos e gestão de riscos, que é assim: imagine a seguinte cena. Você nesse momento está junto comigo, vivendo em um planeta chamado Terra, não é? Então, você já parou para pensar que estamos vivendo em um planeta, em uma bola, que está solta no universo? Já pensou sobre isso? Não tem nenhum cabo de aço segurando a Terra e ela é uma bolinha que está no meio do nada, cheia de outras bolinhas. Você já pensou que basta um "soprinho" e essa bolinha cai, por ela não ter onde se segurar? Uma pessoa com alto grau de ansiedade, se ler essa minha brincadeira aqui, vai começar a pensar coisas como: "mas e se vier um meteoro?!". Bom, se vier, vai morrer todo mundo...

Existem pessoas hoje que acreditam piamente que a Terra é plana e não redonda. Então, pessoas com alto grau de ansiedade e alto grau de neuroticismo têm maior tendência a acreditar nessa teoria de conspiração. Cuidado, porque tem muita gente se aproveitando disso, geralmente para fins políticos e econômicos. Tem gente que se aproveita das pessoas que estão em um momento mais sensível.

Pessoas com baixo grau	Pessoas com alto grau
Sentem-se calmas e relaxadas	Sentem-se frequentemente preocupadas e tensas
Têm alta tolerância ao estresse	Têm baixa tolerância ao estresse
Mantêm a compostura sob pressão	Sentem-se sobrecarregadas com facilidade
Têm pouca tendência a preocupações excessivas	Têm tendência a preocupações constantes
Têm confiança em situações desafiadoras	Têm insegurança em situações desafiadoras
Reagem de forma equilibrada	Têm reações exageradas a problemas
Têm pouca propensão a ataques de pânico	São propensas a ataques de pânico

18.3. Vulnerabilidade

As **pessoas com baixo grau na faceta vulnerabilidade** se sentem calmas mesmo nas crises e têm pouca tendência a se sentirem impotentes. Pelo contrário, elas se sentem potentes, confiam em sua habilidade. Aí você já deve estar pensando que pessoas com baixo grau de neuroticismo e alto grau da conscienciosidade são pessoas que vão muito bem. Essas pessoas confiam que as coisas dependem delas mesmas e aceitam desafios cada vez maiores.

Já **as pessoas com alto grau na faceta vulnerabilidade** têm uma baixa resiliência emocional, desmoronam sob pressão e dependem de apoio externo. Elas se sentem impotentes, têm dúvidas sobre elas mesmas e têm uma dificuldade extrema de fazer as coisas acontecerem.

Pessoas com baixo grau	Pessoas com alto grau
Sentem-se seguras e confiantes	Sentem-se facilmente ameaçadas
Têm alta resiliência emocional	Têm baixa resiliência emocional
Mantêm a calma em crises	Desmoronam sob pressão
São autossuficientes em adversidades	São dependentes de apoio externo
Têm pouca tendência a se sentir impotentes	Frequentemente se sentem impotentes
Têm confiança em suas habilidades	Dúvidas constantes sobre si mesmas
Reagem com equilíbrio a desafios	Têm reações intensas a dificuldades

18.4. Embaraço

A faceta embaraço se refere àquelas pessoas que ficam sem graça, sem jeito, que se sentem envergonhadas ou buscam não ficar envergonhadas. Elas se preocupam muito com o julgamento dos outros, ficam muito inseguras em interações sociais, ansiosas em público e têm uma autoconsciência negativa. O que é isso? É quando as pessoas pensam: "eu acho que eu sou muito ruim, que as pessoas não vão me aprovar, tenho medo de cometer erros sociais".

As pessoas com baixo grau na faceta embaraço geralmente se sentem muito bem em situações sociais, não se preocupam muito com julgamento e têm confiança para interagir com outras pessoas. Essas pessoas raramente se sentem humilhadas e têm pouca autoconsciência negativa.

Já as pessoas com alto grau na faceta embaraço criam problemas sérios de convivência social, não só nas empresas, mas também entre amigos. Elas têm muita dificuldade em criar vínculos, em criar amizades, são pessoas que ficam mais isoladas.

A situação fica ainda mais difícil se juntar pessoas com alto grau de embaraço e pessoas com baixo grau de extroversão: o encaixe é muito negativo, pois essas pessoas não vão se posicionar nem entrar em campo, elas vão ficar na arquibancada.

Você certamente conhece pessoas que têm medo de tudo e de todos, que não saem de casa. Inclusive, existem várias pesquisas que mostram que a nova geração está muito mais em casa, principalmente depois da COVID-19. Essas pessoas ficaram mais em casa, jogando, utilizando redes sociais etc.

Devemos sempre que ter em mente que somos seres sociais e que por isso precisamos sempre dos outros. Afinal, ninguém vive isolado.

Você certamente conhece pessoas que têm medo de tudo e de todos, que não saem de casa. Inclusive, existem várias pesquisas que mostram que a nova geração está muito mais em casa, principalmente depois da Covid. Essas pessoas ficaram mais em casa, jogando, utilizando redes sociais, etc.

Temos sempre que ter em mente que somos seres sociais e que por isso precisamos sempre dos outros. Afinal, ninguém vive isolado.

Pessoas com baixo grau	Pessoas com alto grau
Sentem-se confortáveis em situações sociais	Sentem-se frequentemente envergonhadas
Têm pouca preocupação com julgamentos	Têm alta preocupação com julgamentos
Têm confiança em interações sociais	Têm insegurança em interações sociais
Raramente se sentem humilhadas	Facilmente se sentem humilhadas
Ficam tranquilas em público	Ficam ansiosas em público
Têm pouca autoconsciência negativa	Têm alta autoconsciência negativa
Ficam despreocupadas com erros sociais	Têm medo de cometer erros sociais

18.5. Impulsividade

As **pessoas com baixo grau na faceta impulsividade** planejam melhor e focam no objetivo de longo prazo. Baixo grau de impulsividade e alto grau da conscienciosidade é uma ótima combinação, porque você consegue olhar não só no curto prazo, mas também no médio e longo prazos.

Você que está lendo este livro, assim como outros livros, você está focando em fazer o que é certo agora no curto prazo para conquistar coisas grandes no futuro. Essas pessoas também mantêm a calma sob pressão. Se o mundo está desabando, ela está calma, está orientando os outros. Isso é muito legal.

Já as **pessoas com alto grau na faceta impulsividade** dificilmente conseguem conquistar coisas grandes na sua vida. Pelo contrário, elas entram em uma areia movediça porque a impulsividade gera resultados ruins e piora consequentemente o humor delas. Elas assumem riscos sem pensar, são inconstantes e reagem rapidamente ao estresse. Se estão estressadas, partem para o embate e focam no prazer imediato.

É um pouco diferente da ponderação que falei na conscienciosidade, porque lá era no sentido de impulsividade para fazer as coisas acontecerem. Aqui é uma impulsividade emocional, na qual a pessoa fala o que pensa, detona com os outros e não tem o mínimo de empatia com ninguém. É uma impulsividade muito ruim. São pessoas que cedem aos desejos imediatos mesmo que prejudiquem o futuro. Imagine o meu prazer de tomar o saboroso milk-shake de Ovomaltine em vez de correr. É um prazer imediato, só que lá na frente a conta chega.

Estamos vivendo um mundo onde é muito fácil ter o prazer imediato. Você pede no iFood, você come biscoito, você come um montão de coisas que são gostosas de imediato. Só que, lá na frente, a bomba vai estourar. A alimentação é uma das coisas que mais gera doenças atualmente. Olha que situação louca: no passado, as pessoas morriam porque não tinham comida; já no presente, as pessoas morrem porque têm comida, só que comem mal. Atualmente, tem muito mais pessoas morrendo no mundo porque comem mal do que aquelas que morrem por desnutrição. Olha em que ponto a gente chegou. E quem tem alta impulsividade é mais propenso a entrar nessa furada.

Pessoas com baixo grau	Pessoas com alto grau
Planejam antes de agir	Agem sem pensar
Controlam desejos imediatos	Cedem a desejos imediatos
Tomam decisões ponderadas	Tomam decisões impulsivas e rápidas
Evitam riscos desnecessários	Assumem riscos sem avaliar
São consistentes em suas ações	São inconstantes e imprevisíveis
Mantêm a calma sob pressão	Reagem rapidamente ao estresse
Focam em objetivos a longo prazo	Focam em prazeres imediatos

18.6. Hostilidade

As **pessoas com baixo grau na faceta hostilidade** deixam a vida mais leve e não ficam brigando com quem está ao seu redor.

Claro, tem hora que você tem que se posicionar e colocar as coisas como elas devem ser. Mas quem tem baixo grau de hostilidade é pacífico(a), de boa. Essas pessoas resolvem problemas diplomaticamente, são mais tolerantes uns com os outros, mantêm relação harmoniosa e controlam a emoção negativa.

Já as **pessoas com alto grau na faceta hostilidade** são totalmente antissociais, reagem agressivamente e buscam confronto. Lembra da faceta amabilidade? O contrário da faceta da amabilidade é o confronto.

Imagine alguém que tenha baixa amabilidade e alta hostilidade. Ela deve ser alguém que briga com todo mundo na rua, por exemplo, que briga no trânsito, briga na empresa, briga com a família. É uma pessoa que ninguém quer ter por perto. Ela sente raiva ou ódio; não é nunca aquele confronto positivo, é sempre uma questão de raiva, de vingança. Ela é uma pessoa impaciente, que tem relacionamentos conturbados e expressa suas frustrações abertamente.

Já passaram pela minha vida muitas pessoas com alto grau de hostilidade. São pessoas que realmente querem brigar, discutir, são pessoas que gostam de confronto, gostam de falar sobre o que há de pior nelas e em você também. Por quê? Porque elas são frustradas na vida e elas mesmas falam isso abertamente.

Vou dar um exemplo do que aconteceu comigo. Tive uma reunião com um fornecedor e com a minha equipe. Eu ia lá cobrar alguns resultados que esse fornecedor não estava trazendo para a empresa.

Percebi que ele estava desabafando, pois, ao iniciar a reunião, ele disse várias bobagens para a minha equipe. Pensei em interrompê-lo de imediato, mas deixei ele desabafar um pouco. Depois chegou a minha vez e eu disse: "Fulano, entendo que você está desabafando e enfrentando algumas dificuldades, mas não aceito esse tipo de mensagem nem a maneira como está transmitindo. Você não deve desabafar sobre nós. Não aceito isso".

Então, mantive a calma. Se fosse há algum tempo, eu teria entrado em um embate com ele. Ele foi muito hostil, mas não comigo; foi hostil com a minha equipe. Havia três pessoas presentes, e senti a obrigação de defendê-las. No entanto, não precisei ser hostil com ele; apenas me posicionei. Percebe a diferença? Não se trata de ser bonzinho o tempo todo e aceitar injustiças (isso não pode acontecer), mas também não é necessário ser agressivo ou hostil.

Então, lá nessa reunião, ele começou a se acalmar. Reiniciamos a reunião, ele se desculpou e combinamos que sempre colocaríamos as situações em um tom tranquilo, pois seria melhor para todo mundo.

A minha vontade mesmo era fazer igual ele fez, porque o meu sangue também esquentou, afinal eu sou de carne e osso. O cara era meu fornecedor, eu sou cliente dele. Aliás, ele estava invertendo a situação, mas percebi que ele não fez por mal, então dei esse desconto. Então, cuidado se você convive muito com pessoas altamente hostis, que desrespeitam você. Não deixe isso acontecer, porque essa pessoa achará que pode fazer isso sempre.

Olhando para trás, eu já lidei com muitas pessoas hostis, muitas. E pelo meu grau de amabilidade, aceitei muito e comecei a ser destratado. Então, hoje, como conheço mais esse tipo de conteúdo que estou compartilhando com você, baseado na ciência, nas minhas próprias experiências, e por me conhecer mais, eu já consigo balancear melhor. Claro, sou humano, posso errar.

Essa pessoa viu que ultrapassou o limite razoável. Eu sempre falo com meus filhos: "se você pisa no pé de alguém, mesmo que tenha sido sem querer, doeu nele. Então, você tem que se desculpar de verdade". Mesmo que tenha sido sem querer, não quer dizer que não doeu.

Então, pessoas com grau alto de hostilidade, se tiverem um grau muito elevado, é próximo, inclusive, de psicopatia e sociopatia. Essas pessoas querem ver o outro mal, então elas são hostis para ver o outro sofrer. Cuidado, veja se você não está vivendo com alguém da sua família ou do seu trabalho que é assim.

E o contrário também é verdadeiro: cuidado, principalmente, se você estiver fazendo isso com as pessoas ao seu redor. Hostilidade nunca é boa. A assertividade é boa para defender os seus direitos.

Pessoas com baixo grau	Pessoas com alto grau
Mantêm a calma em conflitos	Reagem agressivamente
Evitam confrontos desnecessários	Buscam confrontos
São pacíficas e tranquilas	Sentem raiva facilmente
Resolvem problemas diplomaticamente	Tendem a ser vingativas
São tolerantes com os outros	São intolerantes e impacientes
Mantêm relações harmoniosas	Têm relacionamentos conturbados
Controlam emoções negativas	Expressam frustração abertamente

Capítulo 19

Impacto nas profissões

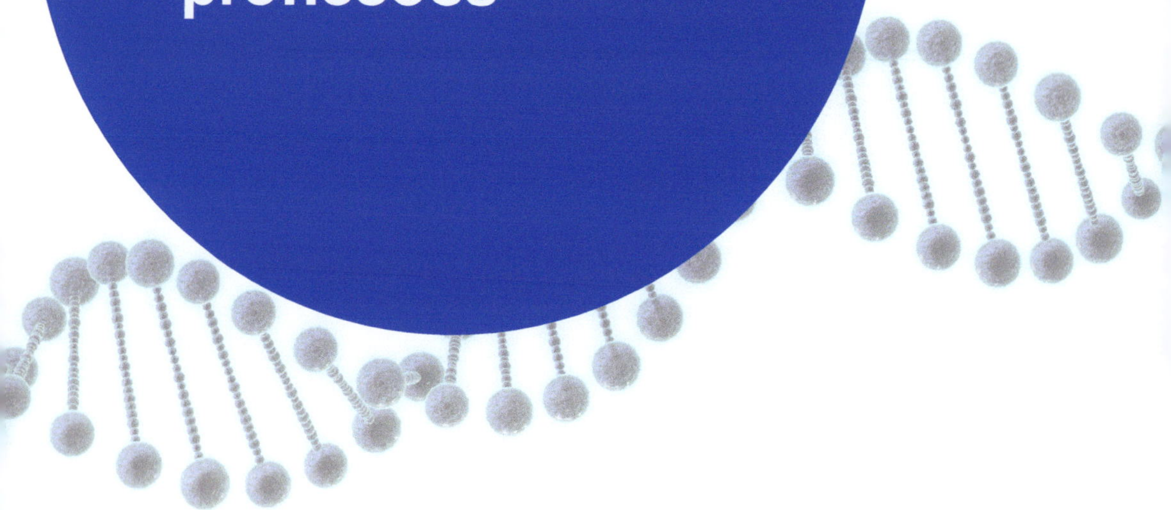

Vou apresentar agora as profissões mais e menos indicadas de acordo com seu grau de neuroticismo.

Lembrando que uma das grandes características do neuroticismo tem relação com a ansiedade. Então, já vou dar uma dica aqui: se você acha que tem um grau significativo de neuroticismo, prefira escolher atividades em que você vai se estressar menos, que você ficará menos ansioso. Beleza?

Dê preferência a algo que lhe dê prazer em fazer e que não tenha tanta pressão.

As **pessoas com baixo grau do traço neuroticismo** precisam ter estabilidade emocional, capacidade de lidar com pressão e desafios e a habilidade de manter a calma em situações estressantes.

Algumas profissões que podem ser mais indicadas para essas pessoas são:

1. Piloto de avião

O piloto de avião precisa manter a calma e a estabilidade emocional em situações de alta pressão. A profissão exige resiliência, controle emocional e capacidade de tomar decisões críticas de maneira calma e racional, garantindo a segurança dos passageiros. Por quê? Porque imagine um piloto e os passageiros no avião com turbulência. Temos que estar sempre com o cinto de segurança, porque ocasionalmente ele balança. Contudo, imagine o avião balançando e o piloto começa a ficar ansioso e grita: "ai, meu Deus, vai cair! Ai, meu Deus!". Vai dar ruim, não é? Imagine o piloto falar "gente, vamos orar agora porque vai cair". Não dá. O piloto precisa ter muito controle emocional para tomar decisões críticas. Se der tudo certo, não tem problema, mas e se não der? E se tiver turbulência? Se tiver uma situação inesperada? O piloto tem que ter essa estabilidade emocional.

2. Cirurgião

O cirurgião realiza operações complexas e precisa manter a calma sob pressão. A profissão exige estabilidade emocional, resiliência e capacidade de lidar com situações estressantes de maneira controlada e eficiente, garantindo a segurança e o bem-estar dos pacientes. Cirurgia é uma coisa muito séria. É pressão o tempo inteiro. Às vezes a cirurgia estava prevista para 4 horas e a pessoa está lá por 12 horas ainda. Então, o cirurgião precisa saber que será estressante, que vai virar a noite às vezes e que vai trabalhar de plantão. A profissão de cirurgião é uma boa para quem tem baixo grau de neuroticismo.

3. **Engenheiro civil**

O engenheiro civil projeta e supervisiona a construção de infraestruturas. Ele tem que ter estabilidade, porque passa por desafios técnicos, desafios logísticos e questões de segurança. A profissão requer estabilidade emocional, resiliência e capacidade de lidar com desafios de maneira calma e racional, garantindo a segurança e a eficiência dos projetos. É uma profissão na qual a falha não é uma opção.

4. **Gestor de projetos**

O gestor de projetos coordena equipes e recursos para completar projetos no prazo e no orçamento. A profissão exige estabilidade emocional, resiliência e capacidade de lidar com múltiplas demandas e prazos apertados de maneira calma e organizada, garantindo o sucesso dos projetos.

É uma profissão que eu vou citar tranquilamente porque já gerenciei muitos projetos. Nela é preciso ter estabilidade, porque terá sempre complexidade e cobrança. O gestor de projetos terá cobrança de prazo, custo, entregas com qualidade, é muita cobrança. Então uma pessoa com alto grau de neuroticismo terá dificuldade.

5. **Cientista**

O cientista conduz estudos e experimentos para expandir o conhecimento em diversas áreas. Ele precisa ter resiliência porque está pesquisando coisas que são incertas e complexas e precisa obter um resultado sobre aquilo que está fazendo. A profissão requer estabilidade emocional, resiliência e capacidade de lidar com a incerteza e os desafios da pesquisa de maneira calma e persistente, garantindo resultados precisos e confiáveis.

6. **Arquiteto**

O arquiteto projeta edifícios e espaços, equilibrando estética e funcionalidade. Ele precisa ter estabilidade emocional porque vai, ao mesmo tempo, trazer um ambiente estético e também funcionalidade.

Ele precisa balancear as duas coisas. A profissão exige estabilidade emocional, resiliência e capacidade de lidar com desafios criativos e técnicos de maneira calma e racional, garantindo projetos bem-sucedidos e inovadores.

7. Desenvolvedor de software

O desenvolvedor de software cria e mantém programas e sistemas. A profissão requer estabilidade emocional, resiliência e capacidade de lidar com problemas técnicos e prazos apertados de maneira calma e metódica, garantindo a qualidade e a funcionalidade dos produtos. Por que um desenvolvedor de software deveria ter essa estabilidade? Posso falar com propriedade porque é da minha área. Problemas técnicos vão acontecer durante o desenvolvimento, e erros surgirão em algum momento, pois testar software não é uma ciência exata. Além disso, há prazos apertados a cumprir e metodologias a seguir. Portanto, a pressão é muito grande para quem trabalha como desenvolvedor de software.

8. Consultor de gestão

O consultor de gestão aconselha empresas sobre estratégias e operações. Ele também precisa ter estabilidade emocional porque ele toma decisões que, às vezes, impactam a empresa toda. Então, para obter sucesso empresarial, o consultor de gestão precisa saber lidar com pressão. A profissão exige estabilidade emocional, resiliência e capacidade de lidar com desafios organizacionais e tomar decisões críticas de maneira calma e racional, promovendo o sucesso empresarial.

9. Analista de investimentos

O analista avalia dados financeiros e faz recomendações de investimento. A profissão requer estabilidade emocional, resiliência e capacidade de lidar com a volatilidade do mercado para tomar decisões informadas de maneira calma e racional, garantindo retornos financeiros positivos. Isso aqui é interessante: você pode ter um analista de investimento muito introvertido? Pode, pois ele trabalhará focado. Contudo, ele tem que ter baixo grau de neuroticismo, porque precisa saber lidar com o mercado. O mercado é imprevisível. Imagine se ele ficar desesperado e vender as ações em um momento ruim? Então ele deve ter essa calma.

10. Especialista em segurança da informação

O especialista em segurança da informação protege sistemas e dados contra ameaças cibernéticas. A profissão exige estabilidade emocional, resiliência e capacidade de resolver problemas críticos de maneira calma e eficiente, garantindo a proteção dos ativos digitais. É uma profissão que também é indicada para quem tem baixo grau de neuroticismo, porque imagine que o hacker pode invadir a qualquer momento o sistema. Tenho alguns amigos que são executivos de segurança da informação e admiro muito essa complexa função.

Agora, deixa eu dar uma dica. Também não pode ser aquela pessoa 100% otimista e pensar sempre: "ah, não, vai dar certo, está tudo bem, ninguém vai invadir, o mundo é bom".

Isso não pode. Entende o balanço? Você não pode ter alto grau de neuroticismo, porém não pode ser "zero". A pessoa tem que ter competência no sentido de ter clareza dos riscos associados aqui.

Talvez você esteja se perguntando: "tá bom, Muniz, o que eu faço da minha vida se eu tiver alto grau de neuroticismo?". Eu diria que pode ser importante procurar ajuda profissional.

Lembra do que falei sobre a Terra cair? De que não tem um fio, um cabo de aço segurando a Terra? "Um soprinho" e a Terra pode cair. E aí? Uma pessoa muito neurótica não vive nem dorme, ela pensa o tempo todo "ai meu Deus, será que é hoje que a Terra cai? Será que hoje vai ter um tsunami? Hoje vão lançar uma vacina que vai matar todo mundo?".

Então eu vou trazer algumas recomendações básicas de profissões que são menos estressantes e que vão gerar menos ansiedade. Logo, funcionam melhor para pessoas com alto grau do traço do neuroticismo.

Algumas profissões que podem ser mais indicadas para essas pessoas são:

1. Escritor

O escritor pode canalizar suas emoções intensas e experiências pessoais em suas obras, criando histórias e personagens ricos e complexos. A profissão permite uma expressão criativa que pode ser terapêutica e oferece flexibilidade para trabalhar em um ambiente controlado e menos estressante. O único estresse do autor, do escritor, é o prazo, mas isso ele pode negociar com a editora, por exemplo. Talvez seja estressante se esse escritor quiser que o livro dele seja um best-seller na primeira edição. Se ele se cobrar isso, ficará ansioso, porque aqui no Brasil, principalmente, isso é uma luta.

Posso falar tanto como autor quanto como editor. É uma luta porque esse país infelizmente não tem o hábito de leitura e a gente precisa estimular isso. Então estou dizendo que a profissão de escritor pode ser boa para quem tem um alto grau de neuroticismo, se ele souber lidar com prazos.

2. Artista plástico

O artista plástico utiliza suas emoções e percepções para criar obras de arte. Ele pode aproveitar a sua profissão como uma saída criativa e terapêutica para emoções intensas. É uma boa profissão para quem tem alto grau de neuroticismo. Uma pessoa com alto grau de neuroticismo, que tem baixa estabilidade emocional, pode trabalhar com coisas manuais porque dá tranquilidade.

3. Psicoterapeuta

O psicoterapeuta ajuda outras pessoas a lidar com suas emoções e problemas psicológicos. A profissão pode ser gratificante para indivíduos com alto grau de neuroticismo, por permitir que usem sua própria experiência emocional para agir com empatia e ajudar os outros, criando um ambiente de compreensão e apoio. Essa recomendação está muito ligada a ter empatia. Então se você for uma pessoa que tem empatia, funciona bem ser psicoterapeuta. E aí vou "abrir um parêntese" aqui para mim: minha mãe passou por situações muito críticas na vida dela. Ela teve depressão quando jovem, e em algum momento na fase adulta, com seus filhos crescidos, ela teve depressão novamente. Eu não entendia isso, mas depois que ela teve estudei um pouco o assunto e percebi que esse negócio de depressão, de neuroticismo, é muito sério. Então, quem tem alto grau de neuroticismo, se for uma pessoa do bem, será uma excelente pessoa como terapeuta, entende? Porque ela entende de verdade o que o outro está falando. Quem não vive isso pensa: "ah, isso é frescura, isso não é nada". E é muito sério, sim.

4. Músico/compositor

O músico/compositor pode canalizar suas emoções intensas em suas músicas, criando obras que ressoam com o público. E mexer com música também é uma coisa que pode ser divertida e terapêutica. A profissão permite a expressão criativa e emocional, proporcionando uma saída terapêutica e a possibilidade de trabalhar em um ambiente controlado. Então, é uma profissão que se você gosta de música e tem um alto grau de abertura, pode ser uma ótima opção.

5. Conselheiro de reabilitação

O conselheiro de reabilitação ajuda indivíduos a superar dependências e outros desafios com sua própria experiência emocional. A profissão permite usar sua própria experiência emocional para oferecer empatia e apoio, criando um ambiente de compreensão e encorajamento. A pessoa que tem alto grau de neuroticismo pode ser uma boa conselheira.

6. Fotógrafo

A capacidade de perceber e capturar momentos emocionais pode resultar em fotografias poderosas e evocativas. O fotógrafo não tem aquela pressão exacerbada em cima dele e pode criar imagens poderosas, emocionais, que vão impactar as pessoas.

7. Editor de vídeo

O editor de vídeo trabalha na pós-produção de filmes e vídeos, utilizando suas habilidades criativas para contar histórias visuais. A profissão permite a expressão criativa e oferece um ambiente de trabalho controlado e menos estressante. Você pode aproveitar para expressar a sua criatividade sozinho. Se você tem alto grau de neuroticismo e baixo controle emocional para lidar com outras pessoas, então se você ficar trabalhando sozinho, principalmente se for mais introvertido. Editar vídeos pode ser acolhedor.

8. Ilustrador

O ilustrador cria imagens para livros, revistas e outros meios. A profissão permite a expressão criativa e oferece um ambiente de trabalho flexível, onde pode controlar seu ambiente e reduzir o estresse. Nessa profissão você vai trabalhar no sentido de "dar uma cara para aquela história" ou vídeo também, juntando com o editor de vídeo. É um passo além, é uma coisa mais artística. E aí você trabalha em um ambiente controlado para reduzir o estresse.

9. Jornalista

A sensibilidade emocional pode ajudar o jornalista a se conectar com suas fontes e a escrever histórias que ressoem emocionalmente com o público. O escritor já tinha sido mencionado antes e agora o jornalista é muito próximo do que falei anteriormente.

10. Bibliotecário

O bibliotecário gerencia coleções de livros e outros materiais informativos. A profissão oferece um ambiente de trabalho calmo e estruturado, onde ele pode ajudar os outros e se envolver em atividades organizadas e previsíveis, reduzindo o estresse e a ansiedade. Aí você fala "mas não existe mais biblioteca, como assim?". Tem biblioteca ainda e tem biblioteca virtual. Os nossos livros da Brasport tem parcerias com bibliotecas virtuais, e com isso eles vão para 900 universidades e atingem mais de 4 milhões de pessoas. Então, alguém que é bibliotecário tem que organizar a parada lá. Essa profissão é mais calma e estruturada. Você fica mais tranquilo nesse tipo de trabalho.

Fechando aqui, quero deixar claro que essas profissões são apenas alguns exemplos. Entretanto, independentemente do trabalho que você exerça, você tem que ser competente. Não adianta trabalhar em uma profissão que não tenha nada a ver com você, pois, por mais tranquila que ela seja, você vai se estressar se não tiver habilidade técnica no que você faz.

Então, a dica aqui é: para quem tem alto grau de neuroticismo em relação à profissão, você tem que escolher alguma coisa que tenha ligação direta com o seu talento natural, para que sua personalidade não atrapalhe. Se você se dedicar a ser um profissional competente, terá sucesso.

No próximo capítulo compartilharei três histórias da minha carreira e vida pessoal, destacando os desafios de lidar com pessoas com alto grau de neuroticismo e como consegui enfrentar essas situações. Mostrarei os aprendizados que podem ajudar você.

Capítulo 20

Histórias da minha carreira

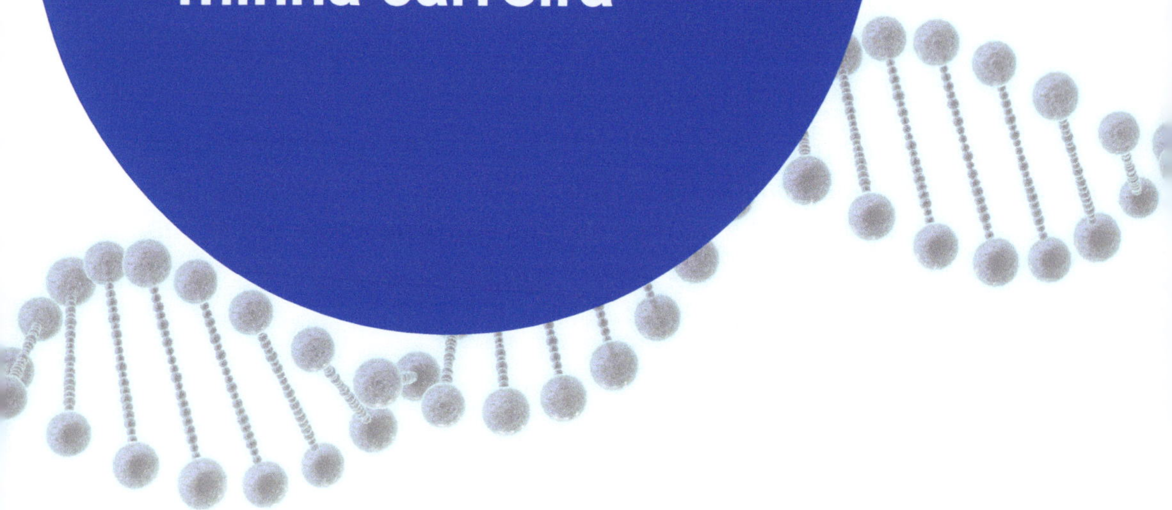

Neste capítulo, contarei situações reais da minha carreira sobre o traço de neuroticismo, para gerar reflexão e aprendizados para sua vida.

20.1. Otimismo quebrou meu projeto

A primeira história envolve o otimismo que prejudicou um projeto em que trabalhei. Veja só. Quando você tem um baixo grau de neuroticismo e, ao mesmo tempo, um alto grau de conscienciosidade e amabilidade, tende a confiar muito nos outros. Nesse caso, minha alta amabilidade e meu baixo neuroticismo me trouxeram uma desvantagem. Com um baixo grau de neuroticismo, é comum não pensar muito nos riscos, acreditando que tudo dará certo.

Naquele momento, naquele projeto, percebi que as pessoas me viam como um líder fraco, "bobinho". Sabe como é? Aquele que deixa as coisas acontecerem e não cobra. Especificamente no grau de neuroticismo, a impulsividade negativa foi no sentido de eu acreditar totalmente nas pessoas – eu não imaginava que elas podiam estar me enrolando.

As pessoas me enrolavam dizendo: “ah, não, eu vou entregar na próxima semana”. E chegava a semana e não entregavam. Ou então falavam: “ah, vou entregar na outra semana porque eu tive aqui um imprevisto”. Aí eu dizia: “Tá bom”. Contudo, fui cobrado por meu resultado, que dependia dos outros, que não foi entregue, mas minha amabilidade não me permitia nem colocar a responsabilidade nos outros, inclusive. E aí o tempo foi passando até que chegou uma hora em que “explodi”. Coloquei todas as pessoas que não estavam fazendo o que deveriam em uma reunião, mas já era tarde.

Então, se você tem resultados para entregar que não dependem só de você, tenha você cargo formal de líder ou não, você tem que cobrar, porque uma hora a bomba vai explodir.

Pensando no porquê de isso ter acontecido, percebo que, ao trabalhar com Governança, minha função era cobrar outros líderes e executivos, inclusive o diretor, que se sentia pressionado por mim. Eu fazia essas cobranças, mas alguns acabavam me enrolando. No final, ficava ruim para todo mundo.

Quando você trabalha em uma empresa onde a cobrança é muito tóxica, as pessoas se prejudicam e puxam o tapete umas das outras. Uma hora ou outra a bomba vai estourar. Se essas pessoas têm um alto grau de neuroticismo, ficam desconfiadas de tudo e de todos, imaginando que alguém vai puxar o tapete delas, mesmo quando isso não vai acontecer. Então, fazem de tudo para prejudicar quem acham que as prejudicará. É a lógica do “antes que a pessoa me dê um tiro, eu dou um tiro nela”.

Incrivelmente, essa dinâmica ainda acontece em muitas empresas hoje em dia, desperdiçando uma enorme quantidade de energia. Pessoas muito neuróticas terão embates diários e, mesmo quando estão erradas, não vão admitir a culpa por medo de serem demitidas.

Então, eu quero dizer o seguinte: alto grau de neuroticismo na parte de impulsividade é ruim demais, porque se você junta amabilidade com impulsividade você acredita em todo mundo e vai ignorando os problemas que essa confiança gera. É importante também destacar que um grau de neuroticismo, que o deixa um pouco desconfiado, não é ruim quando você tem alta amabilidade. Você consegue balancear as duas coisas, ou seja, você tem que confiar nas pessoas, mas também trazer um pouco de neuroticismo e refletir: "espera aí, se essa pessoa estiver me enrolando, o que eu faço para evitar isso?".

Então, lembro que nesse projeto atrasou muita coisa. Muita entrega não era minha, mas eu era o responsável final. E eu tive que assumir essa responsabilidade. Minha vida nessa empresa ficou bem complicada depois disso. Tive que ralar muito, trabalhar muito, para mudar essa imagem de que eu era uma pessoa que não conseguia gerar resultado cobrando os outros. Contudo, consegui reverter isso.

E eu diria para você agora, refletindo, que existem algumas pessoas muito maldosas que se aproveitam de quando você não tem um resultado bom, entende? Que não gostam de você e aproveitam para ficar apontando e rotulando. Nessa empresa aconteceu isso. O interessante é que quando você cria uma rede de contatos, uma rede de pessoas do bem, a informação sempre vai chegar para você, não é? Eu acabei sabendo quem foi que queria me prejudicar. Mas já aconteceu, não é? Como falei antes, não adianta ficar chorando pelo que passou. Olhe para frente e faça uma coisa melhor. O que passou você não consegue mudar. Você consegue aprender com aquilo e não deixar que aconteça de novo, não é?

20.2. Guerra civil corporativa

O exemplo que trarei agora é o da Guerra Civil Corporativa. O que quer dizer isso? Tem um filme da Marvel chamado Guerra Civil. Se você não viu, eu sugiro que veja, é muito legal. Ele tem um embate muito grande entre pessoas do bem, com o Capitão América de um lado e o Homem de Ferro de outro. Eles tiveram um conflito e começaram a brigar entre eles. Isso nas empresas acontece muito – é a Guerra Civil Corporativa.

Nesse caso aqui, foi uma guerra civil de pessoas do mal. Quando digo "do mal", me refiro a pessoas com alto grau de neuroticismo que só queriam ferrar os outros. As pessoas criavam problemas que nem existiam. Nesse caso, o líder dessa parada era um executivo. Eu já falei em alguns momentos, não é? O Chefe Thanos. Aquela pessoa que assusta os outros, que esculhamba e grita com as pessoas. Entretanto, nesse caso, o executivo desconfiava de tudo e de todos.

A maneira dele lidar com isso era colocar uma equipe contra a outra, inclusive a própria equipe dele. Ele cobrava uma, depois cobrava outra e falava que uma falou uma coisa, enfim, um caos completo. Ele se aproveitava do cargo que ele tinha. Como executivo, você tem poder e muitas equipes. Essa pessoa tinha mais de 100 pessoas que trabalhavam com ela, tinha poder, tinha orçamento, era vaidoso demais e se aproveitava do cargo para suprir a sua vaidade. Ele tinha um grau grande de neuroticismo e via problemas que não existiam.

Então, especificamente, como ele fazia uma Guerra Civil Corporativa? Ele cobrava coisas sem orientar. Sabe como é? Geralmente liderança dá o tom, mas está lá para ajudar. Só que essa pessoa, por se sentir melhor que todo mundo, não ajudava os outros quando pediam ajuda. A equipe tinha medo de falar com ele, mas muitos pediam ajuda e ele não ajudava. Ele dizia: "não, isso é contigo. Eu pago você para isso".

Liderança boa é aquela que desafia, mas que também está disponível para ajudar quando a equipe precisa. Nesse caso, esse é o mesmo líder que não gosta de pessoas. Então, quero fortalecer aqui que quando você trabalha para uma liderança executiva que tem essa coisa de "alto neuroticismo", você vai se encontrar em um campo minado, que é a Guerra Civil Corporativa, porque ninguém confia em ninguém.

Essa era a situação naquela época nessa empresa. As pessoas tinham medo de opinar, tinham medo de colocar suas vozes, suas ideias, porque ele esculhambava e gritava com todo mundo. E sabe o que era o mais louco? Eu não sou psicólogo, não pesquisei, não orientei ele, mas sei que ele tinha um alto grau de neuroticismo. E como eu sei? Porque ele fazia tudo isso com a equipe com medo de ser prejudicado, mas quando o chefe dele cobrava alguma coisa dele, ele saía do trono. Ele ficava muito mal, ficava semanas quieto, sem falar nada, ou seja, ele ficava muito depressivo e descontava nos outros.

A mesma pessoa que cobra de maneira inapropriada da equipe é a mesma que se quebra toda quando alguém cobra dela algum projeto. E aí essa pessoa já fica toda desconfiada, porque pratica muito o confronto, a briga, a desconfiança, o problema, e o imaginário que não existe. Sempre acha que alguém está querendo pegar o lugar dela, a pessoa vive desconfiada, achando que estão manipulando as coisas para prejudicar ela.

Então, cuidado com isso. Se você trabalha com alguém assim ou, principalmente, se você é assim, cuidado, porque as pessoas percebem isso. O mais louco é que ele não percebia que as pessoas percebiam. Isso é muito louco. Então, quem tem alto grau de neuroticismo vive em um mundo paralelo. Acha que é o melhor, o mais inteligente, o maioral em tudo, mas não consegue fazer o mínimo do mínimo: trabalhar em equipe.

Uma pessoa que é líder tem que saber liderar, e liderar é saber lidar com pessoas. Essa pessoa, infelizmente, tinha esse problema, um alto grau de neuroticismo. Ela vivia desconfiada, achava que tudo era conspiração contra ela.

Lembra o que falei sobre conspiração? Quem tem um alto grau de neuroticismo tem mais chance de cair em teorias da conspiração, que estão crescendo muito depois da internet, ainda mais com grupos de WhatsApp e Telegram: aquelas bolhas que só reforçam aquilo que a pessoa acha que é verdade.

Essa era a guerra civil na empresa onde eu trabalhava e era muito louca. Algumas lideranças desse executivo acabavam replicando o comportamento dele, porque o líder dá o tom, não é? Eu sempre falo isso. Sem perceber, as pessoas estimulavam a guerra corporativa nas suas próprias equipes, botando medo nelas, igual ele colocava medo na equipe dele.

É muito desastroso ter pessoas com alto grau de neuroticismo na equipe, principalmente se essa pessoa for o líder.

20.3. Destravando talentos

Vou trazer aqui o terceiro exemplo, agora positivo, sobre destravar talentos.

Quando você tem baixo grau de neuroticismo, você é mais otimista, percebe mais o outro, não acredita nessas teorias da conspiração de que todas as pessoas querem prejudicá-lo. Entende? Porque tem muita liderança que não ajuda a equipe e que não dá o palco para ela, porque tem medo de que alguém roube o seu trabalho. Tem muito isso.

Quem tem alto grau de neuroticismo geralmente não valoriza o trabalho da equipe. Por quê? Porque acha que se valorizar determinada pessoa, ela tomará o seu emprego. Isso acontece muito.

Esse exemplo é justamente o oposto, envolvendo pessoas com baixo grau de neuroticismo. Eu mesmo tenho um baixo grau de neuroticismo na maioria dos aspectos, especialmente na confiança, que se soma à minha amabilidade.

Liderei uma iniciativa para melhoria de processos de software: implantação, testes automatizados e priorização de iniciativas em 39 squads. Se você não trabalha com agilidade, o termo squad veio do Spotify e tem relação com times multidisciplinares. Com esses 39 times, trabalhamos fortemente para evoluir maturidade em qualidade de software, priorização de iniciativas, implantação automatizada com DevOps e observabilidade.

E o mais legal aqui é que identifiquei pessoas da minha equipe que poderiam liderar iniciativas. Foi muito bacana. Reconheci que algumas pessoas tinham habilidades ou potencial para liderar uma parte do projeto, mesmo sem ser líder no crachá.

Esse é o grande lance e me orgulho muito disso. Essas pessoas hoje estão mandando muito bem no mercado, agora com cargo formal de liderança. E tudo começou com essa nossa iniciativa lá atrás.

Então, o que quero colocar aqui? É muito comum, quando você tem pessoas na sua equipe com potencial, você ter uma certa insegurança. Você pode pensar: "nossa, aquela pessoa vai brilhar muito, ela vai arrebentar e eu vou ficar como alguém que não fez o que devia". Tem isso. Nesse caso específico, como eu tinha uma liderança boa, um executivo que tinha uma visão boa do meu trabalho, eu não corria nenhum risco quanto a isso.

Ao contrário daquele executivo da Guerra Civil que mencionei anteriormente, entendo meu papel como sendo o de estabelecer uma visão clara, acompanhar os resultados e capacitar minha equipe para crescer, o que não necessariamente requer minha presença em todas as reuniões. Fui informado por fontes confiáveis que ele chegou ao extremo de sugerir que eu não estava envolvido no projeto e que eram os membros da minha equipe que faziam todo o trabalho. Ele constantemente insistia que eu deveria falar mais e não permitir que minha equipe se expressasse nas reuniões.

Trabalhei com outros executivos que tinham uma visão mais interessante e receptiva, confiando no meu trabalho. Isso me permitiu seguir minha convicção de orientar e desafiar minha equipe para alcançar resultados e todo mundo ganhar. Nas reuniões executivas, não era necessário que eu apresentasse tudo.

Geralmente eu passava uma visão geral e a minha equipe apresentava o resultado no detalhe. Eu tinha segurança de que eu não seria prejudicado por comentários como os do Chefe Thanos, o executivo da Guerra Civil, que dizia que eu não fazia nada e só a equipe que fazia. E o mais interessante é que ele falava isso, mas ele não fazia nada, só ficava pentelhando os outros.

É sempre assim: a pessoa que tem alto grau de neuroticismo acusa os outros, mas não percebe que está fazendo errado. Por quê? Porque ela vive em um mundo paralelo.

Contudo, voltando aqui na parte de destravar talentos, essa foi uma das épocas mais vibrantes da minha carreira profissional antes de eu abrir a minha empresa. Por quê? Porque percebi que tenho essa habilidade, eu gosto disso: orientar, mentorear, desafiar a alcançar grandes resultados e deixar a equipe trabalhar em paz, sem ficar microgerenciando.

Nesse projeto, inicialmente pensamos que bastaria capacitar o time de qualidade, QA (Quality Assurance), e fornecer ferramentas para realizar suas tarefas, mas logo percebemos que essa abordagem não estava funcionando. Foi então que decidimos envolver também os times de desenvolvimento, produto, gerentes técnicos e executivos. Ampliamos a iniciativa, e o resultado foi muito além do que inicialmente planejávamos. Por quê? Porque tínhamos pessoas na equipe com potencial, apesar de não terem o crachá de líder na época. E perceber isso foi o legal da parada.

Isso é algo que enfatizo hoje para meus mentoreados e nas empresas em que sou sócio: não espere por um crachá ou cargo formal para fazer as coisas acontecerem. Assuma o trabalho como se fosse seu próprio negócio, porque é assim que você realmente faz a diferença. O interessante é que, quando você trabalha alinhado com seus pontos fortes e tem uma liderança que confia em você (e você também confia nela), o céu é o limite. Você não se restringe ao horário de expediente pensando em melhorias; o trabalho se torna uma atividade prazerosa. Você tem liberdade para pensar: "e se eu fizer aquilo?". Isso significa ler livros, assistir a palestras, fazer cursos e até contratar uma mentoria para aprimorar seu trabalho.

Melhorando o seu trabalho, você está melhorando você mesmo. Então, aqui eu queria deixar muito claro isso. Se você tem baixo grau de neuroticismo, você tem pista livre. Você não ficará de picuinha com pessoas que têm esse traço de só pensar em coisas negativas. É claro que você vai correr risco, mas você vai correr um risco calculado no sentido de perceber que a palavra risco não é só negativa. Se você falar sobre risco para uma pessoa com alto grau de neuroticismo, ela levará o risco como coisa negativa, mas se você falar para alguém que tem baixo grau de neuroticismo e é otimista, a palavra risco tem um lado positivo, sendo o fator "e se der certo?".

Ser empreendedor é um risco, mas e se der certo? Se der certo, o resultado é 10 vezes, 20 vezes, 100 vezes maior. Quando falo sobre resultado, me refiro ao impacto que você gera na sociedade, inclusive o seu reconhecimento no mercado, e, claro, que isso vai se refletir no ganho financeiro. Porque quando você trabalha com medo de arriscar, geralmente você vai fazer mais "o arroz com feijão". Se você destrava seu potencial, como no caso desse exemplo, você pode destravar seu talento natural e estudar, se dedicar para explodir e levar isso para sua equipe.

É isso que conquistamos, e hoje sinto um enorme orgulho. Muitas dessas pessoas já não trabalham comigo, mas mantenho contato e elas são gratas por eu tê-las ajudado naquela época. É isso que queria compartilhar com você: escolha cuidadosamente quem está ao seu redor.

As pessoas com alto grau de neuroticismo nem sempre são as mais cruéis, mas algumas podem ser. É importante ficar alerta quanto a isso. Se você perceber que alguém com alto grau de neuroticismo é também desconfiado(a) e tende a falar mal dos outros, tome cuidado. Se essa pessoa está falando mal de alguém para você, é provável que fale mal de você para outras pessoas. É simples assim.

É muito importante você conhecer seus pontos fortes para você mandar super bem e seus pontos fracos para você melhorar no que for possível. Se houver algo que não pode ser mudado, considere escolher uma profissão ou atividade onde essa fraqueza não seja essencial. Assim, você pode ganhar autoconfiança e melhorar no futuro.

E assim concluímos esta parte sobre o neuroticismo. Sabe qual é a grande notícia? Você já aprendeu sobre os cinco traços.

Você aprendeu 30 comportamentos, alguns bons, alguns ruins. Você já tem um grau de autoconhecimento maior do que 99% da população mundial, eu diria. Hoje você tem condição de olhar para dentro de você e saber muito mais do que é bom para você e definir suas forças e fraquezas.

Depois de concluirmos nossa jornada por todos os traços de personalidade, chegou a hora de juntarmos tudo e identificarmos como eles interagem efetivamente entre si. Como a extroversão, a amabilidade e a conscienciosidade poderiam dialogar, por exemplo? É possível reconhecer um perfil único que pode influenciar todos os aspectos da sua vida?

Por isso, separei alguns estudos científicos e fiz uma série de considerações sobre ameaças e oportunidades que os resultados dos seus traços podem trazer. Use esse conhecimento para potencializar suas forças e mitigar suas fraquezas!

“Pessimismo contamina e otimismo inspira...”

PARTE 7

Misturando tudo

O que você verá neste bloco?

21 *Estudos científicos sobre a mistura dos traços*

22 *Oportunidades dos traços nos seus resultados*

23 *Ameaças dos traços nos seus resultados*

Capítulo 21

Estudos científicos sobre a mistura dos traços

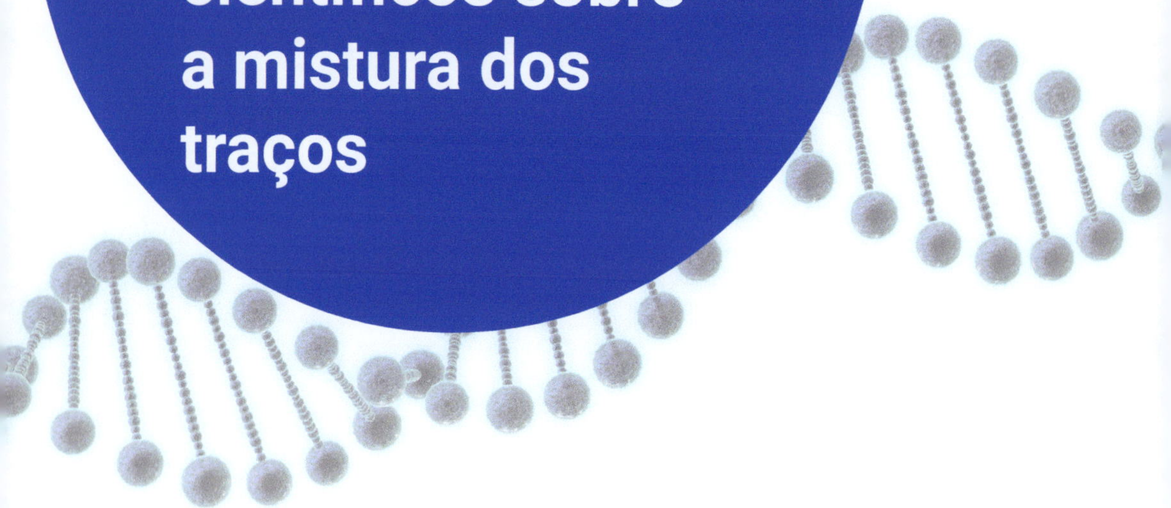

Conforme você aprendeu durante todo o livro, a nossa singularidade é a soma da personalidade, do ambiente e dos objetivos de vida.

Embora a escolha de atividades alinhadas com seus pontos fortes seja bastante produtiva, a mistura de determinados traços pode limitar ou potencializar os seus resultados profissionais.

Por exemplo, no livro "Teorias da Personalidade" (2021), Duane P. Schultz e Sydney Ellen Schultz destacam estudos interessantes:

1. Quem apresenta uma pontuação alta em conscienciosidade, amabilidade, abertura à experiência e extroversão tem as seguintes características:

- Considerado mais popular.
- Parece mais atraente.
- Consegue boas notas nas provas.
- Lida bem com estresse.
- Reconhecido como melhor pai ou mãe.
- Gosta mais de cachorros do que gatos.

2. Quem apresenta uma pontuação alta em extroversão tende a:

- Ter maior nível de estabilidade emocional e satisfação com a vida.
- Lidar melhor com o estresse do dia a dia.
- Tirar notas mais altas no âmbito acadêmico.
- Desfruta de maior status e destaque na universidade.

3. Quem apresenta uma pontuação alta em conscienciosidade tende a:

- Ser confiável, eficiente e pontual.
- Tirar notas melhores.
- Ser organizado e disciplinado.
- Estabelecer altas metas pessoais.
- Ser aceito por seus colegas e ter mais amigos.
- Ser mais saudável e ter maior longevidade.
- Usar cinto de segurança, exercitar-se fisicamente, dormir horas de sono suficientes e comer mais frutas e vegetais.

4. Estudo com casais na Holanda mostrou que baixo grau de neuroticismo e alto grau em extroversão dos dois cônjuges tinham relação com a felicidade no casamento.

5. Estudo mostrou que jovens com alto grau em neuroticismo e baixo grau em abertura a experiências eram mais propensos a usar medicamentos controlados sem prescrição médica.

Capítulo 22

Oportunidades dos traços nos seus resultados

Destaco a seguir exemplos de combinações benéficas dos traços para algumas funções corriqueiras nas empresas:

1. Liderança e gestão

Alta conscienciosidade: líderes conscienciosos são organizados, responsáveis e têm um forte senso de dever. Eles são bons em planejar e executar estratégias.

Alta extroversão: extrovertidos tendem a ser mais assertivos e enérgicos, o que é útil para motivar equipes e se comunicar eficazmente.

Moderada amabilidade: embora a amabilidade seja importante para manter boas relações, líderes precisam equilibrar isso com a capacidade de tomar decisões difíceis.

2. Trabalho em equipe e colaboração

Alta amabilidade: pessoas amáveis são cooperativas, empáticas e boas em resolver conflitos, o que é essencial para um ambiente de trabalho harmonioso.

Moderada extroversão: extrovertidos tendem a ser bons em comunicação e colaboração, mas um nível moderado é ideal para evitar dominância excessiva.

Alta conscienciosidade: conscienciosos são confiáveis e organizados, o que ajuda a manter a equipe no caminho certo.

3. Inovação e criatividade

Alta abertura à experiência: pessoas com alta abertura são curiosas, imaginativas e abertas a novas ideias, o que é crucial para a inovação.

Moderada extroversão: um nível moderado de extroversão pode ajudar na troca de ideias e no networking.

Baixo neuroticismo: baixos níveis de neuroticismo ajudam a manter a estabilidade emocional, essencial para lidar com os altos e baixos do processo criativo.

4. Vendas e marketing

Alta extroversão: extrovertidos são sociáveis e assertivos, o que é benéfico para interagir com clientes e fechar negócios.

Alta conscienciosidade: a organização e a diligência são importants para gerenciar leads e seguir processos de vendas.

Moderada abertura à experiência: A abertura ajuda a pensar fora da caixa e a criar estratégias de marketing inovadoras. Mas seguir processos também é importante para vendedores.

5. Serviço ao cliente

Alta amabilidade: a empatia e a cooperação são essenciais para lidar com clientes de maneira eficaz.

Baixo neuroticismo: baixos níveis de neuroticismo ajudam a manter a calma sob pressão e a lidar com clientes difíceis.

Moderada conscienciosidade: a organização e a responsabilidade são importantes para seguir procedimentos e resolver problemas de clientes de maneira eficiente.

Capítulo 23

Ameaças dos traços nos seus resultados

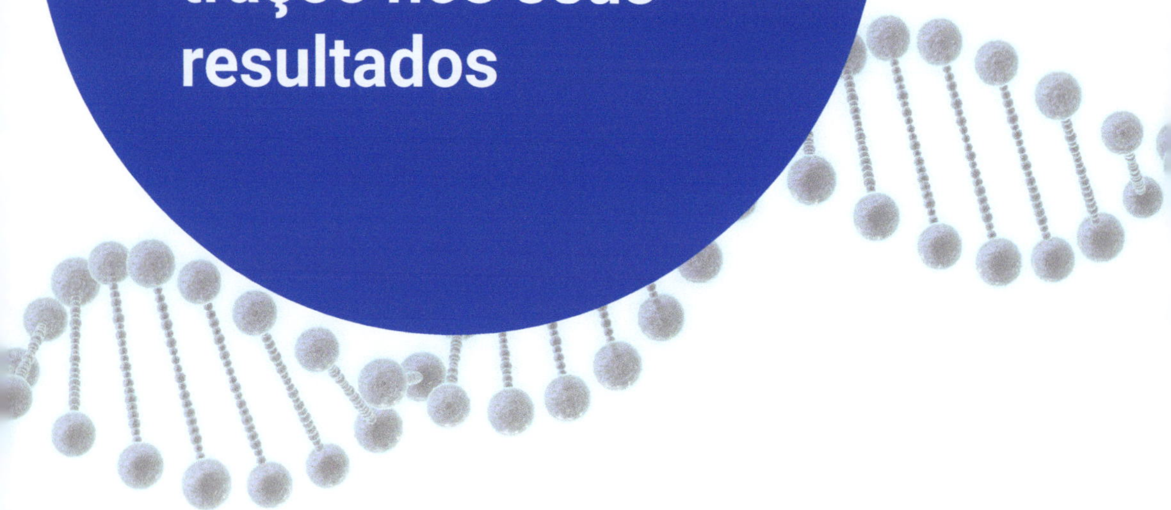

Destaco a seguir exemplos de combinações prejudiciais dos traços para algumas funções corriqueiras nas empresas:

1. Liderança e gestão

Baixa conscienciosidade: líderes que não são organizados ou responsáveis podem falhar em planejar e executar estratégias eficazes.

Alto neuroticismo: líderes com altos níveis de neuroticismo podem ser emocionalmente instáveis, o que pode criar um ambiente de trabalho tenso e imprevisível.

Baixa extroversão: líderes introvertidos podem ter dificuldade em motivar suas equipes e se comunicar de forma eficaz.

2. Trabalho em equipe e colaboração

Baixa amabilidade: pessoas que não são cooperativas ou empáticas podem criar conflitos e dificultar a colaboração.

Alto neuroticismo: altos níveis de neuroticismo podem levar a conflitos e instabilidade emocional dentro da equipe.

Baixa conscienciosidade: a falta de organização e responsabilidade pode prejudicar o progresso e a eficiência da equipe.

3. Inovação e criatividade

Baixa abertura à experiência: pessoas com baixa abertura podem ser resistentes a novas ideias e mudanças, o que é prejudicial para a inovação.

Alto neuroticismo: altos níveis de neuroticismo podem causar ansiedade e estresse, dificultando o processo criativo.

Baixa extroversão: introvertidos podem ter dificuldade em compartilhar ideias e colaborar em projetos criativos.

4. Vendas e marketing

Baixa extroversão: pessoas introvertidas podem ter dificuldade em interagir com clientes e fechar negócios.

Baixa conscienciosidade: falta de organização e diligência pode levar a uma má gestão de leads e processos de vendas.

Alto neuroticismo: altos níveis de neuroticismo podem causar estresse e ansiedade, prejudicando o desempenho em vendas.

5. Serviço ao cliente

Baixa amabilidade: falta de empatia e cooperação pode resultar em um atendimento insatisfatório ao cliente.

Alto neuroticismo: altos níveis de neuroticismo podem levar a reações emocionais negativas e dificuldade em lidar com clientes difíceis.

Baixa conscienciosidade: falta de organização e responsabilidade pode resultar em um atendimento ineficaz ao cliente.

PARTE 8

Conteúdo bônus para acelerar a sua evolução

O que você irá aprender?

24 *Ferramentas para comprovar a sua singularidade*

25 *Produtos digitais para aprofundar habilidades*

26 *Mentoria AgileTech*

Capítulo 24

Ferramenta para comprovar sua singularidade

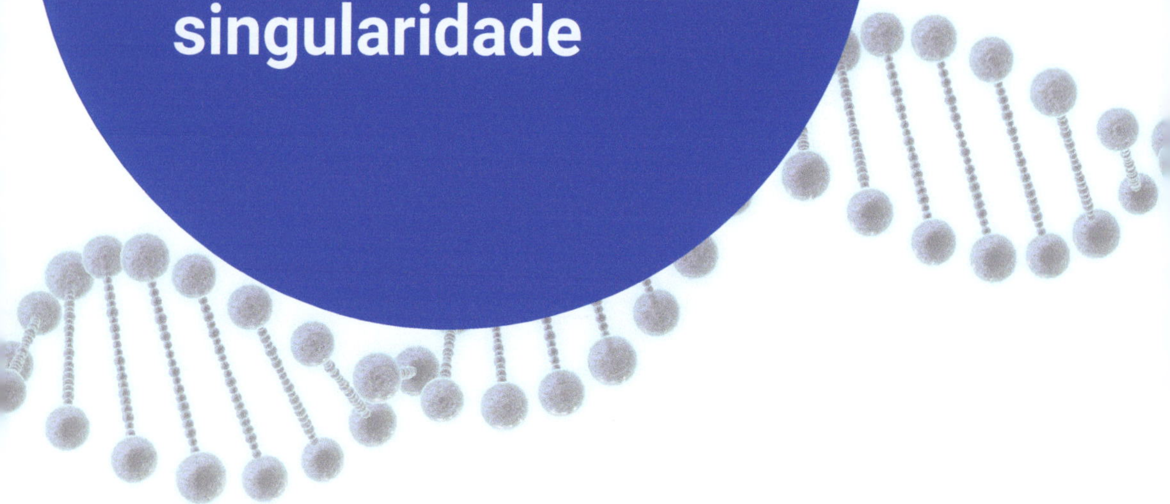

Sempre falo com as minhas equipes e mentorados: existem três tipos de pessoas nas empresas:

1. Quem não começa algo novo
2. Quem começa, mas não termina
3. Quem começa e termina

Parabéns pela conclusão da leitura. Você é uma das pessoas que finaliza o que começa!

Como forma de prêmio pela sua dedicação, acesse o QR Code a seguir para ter acesso gratuito ao módulo 1 do curso Acelera Smart Skills e aprenda uma técnica que comprova a sua singularidade.

https://tinyurl.com/multipliquesmartskills

Capítulo 25

Produtos digitais para aprofundar habilidades

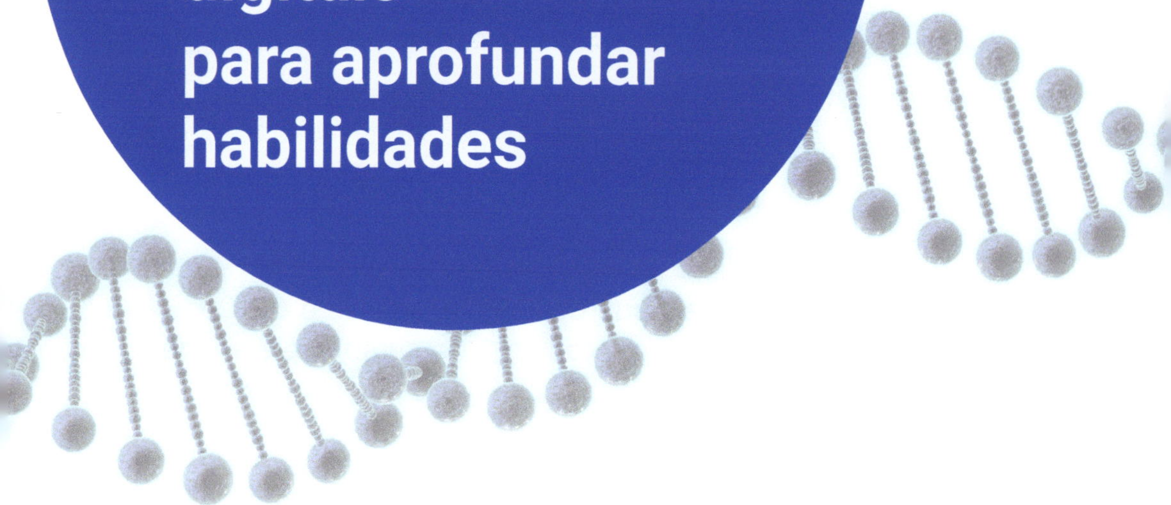

Cada produto digital acelera e aprofunda habilidades importantes para a sua evolução profissional de acordo com seu momento de carreira.

Benefícios dos produtos digitais:

1. Flexibilidade para acessar de qualquer lugar do mundo e no horário de sua preferência

2. Você pode assistir quantas vezes quiser durante um ano

3. Aprendizado somando ciência e experiência

4. Professor com trajetória de mercado e experiência acadêmica

5. Visão corporativa e empreendedora

Acelera Smart Skills

Aprenda a ser mais produtivo nas suas iniciativas sem prejudicar a saúde mental.

O primeiro módulo do curso **Acelera Smart Skills** ajuda você a identificar os seus pontos fortes com base no que foi apresentado no livro! Esse módulo em específico é gratuito e você pode ter acesso pelo link ou pelo QR Code:

Link para o módulo gratuito
<https://tinyurl.com/multipliquemodulo1>

O curso completo Acelera Smart Skills o ajudará a desenvolver as suas inteligências naturarais, técnicas e adaptativas, através de ferramentas e exercícios práticos.

Faça a sua inscrição com desconto exclusivo

Link para a página de compra
<https://tinyurl.com/multipliquesmartskills>

CUPOM40%OFF-SMARTSKILLS

Líder AgileTech

O **Líder AgileTech** é indicado para você que já entendeu que as habilidades de liderança são fundamentais tanto para líderes quanto para integrantes de times. Os líderes não nascem líderes, mas se tornam durante o caminho.

As empresas mais inteligentes já compreenderam que lideranças tóxicas só têm espaço no curto prazo. As lideranças que verdadeiramente inspiram, moldam o crescimento dos liderados e impulsionam o sucesso da empresa são agora o verdadeiro foco das grandes organizações.

Nosso curso oferece a oportunidade de aprender a liderar com confiança, comunicação assertiva e empatia, criando uma equipe motivada e produtiva. O curso conta com oito módulos desenhados para proporcionar um aprendizado profundo e prático.

Ao final do curso, você deve ser capaz de liderar com autoconfiança e reconhecer que pode causar um impacto positivo e um legado duradouro em todo lugar que você passar.

Link para a página de compra
<https://tinyurl.com/sitelider>

CUPOM40%OFF-SMARTSKILLS

Linkedin PNP

O curso **LinkedIn PNP** ajuda você a transformar sua presença no LinkedIn, a maior rede social profissional focada em negócios do mundo. Com mais de 1 bilhão de usuários globais, o LinkedIn passou de 50 milhões de empresas. A sua quarta maior comunidade é justamente a brasileira, com mais de 75 milhões de usuários. Além disso, um algoritmo do próprio LinkedIn aponta que aproximadamente 63 milhões de pessoas presentes na plataforma são tomadores de decisões.

Dito isso, você já consegue perceber o quão estratégico pode ser mostrar o seu valor nessa rede, né? O **LinkedIn PNP** é baseado no método PNP, que foca em Posicionamento, Networking saudável e Publicações autênticas.

Esse curso é ministrado por um professor experiente, executivo e empresário, além de coordenador de MBA. Este professor vai te ensinar a se engajar efetivamente nessa rede social tão importante para a sua carreira, tornando seu perfil num verdadeiro ímã de conexões e oportunidades.

Link para a página de compra
<https://tinyurl.com/siteentrevista>

CUPOM40%OFF-SMARTSKILLS

Entrevista AgileTech

O curso **Entrevista AgileTech** é a chave para profissionais que buscam se destacar em processos seletivos e conquistar as melhores vagas do mercado de tecnologia. O programa oferece uma abordagem prática e diferenciada, focada em transformar insegurança e medo de rejeição em confiança para as entrevistas.

Ao participar do curso, você aprenderá a narrar suas conquistas passadas e destacar seu crescimento profissional de maneira a impressionar seus recrutadores com uma abordagem única. O método SPAR (Situação, Problema, Ação Específica e Resultado) é o núcleo deste curso e vai ajudá-lo com uma estrutura clara e eficaz para você evidenciar seu valor para as empresas.

O curso deixa você preparado para responder a perguntas complexas com clareza e confiança e para conectar suas experiências aos objetivos da empresa. Inclusive, o curso aborda desde a preparação estratégica até a compreensão do que todo o recrutador procura, passando por perguntas específicas para agilistas, desenvolvedores, QA e DevOps/SRE.

Link para a página de compra
<https://tinyurl.com/siteentrevista>

CUPOM40%OFF-SMARTSKILLS

Comunica e Transforma

O curso Comunica e Transforma é a solução ideal para quem deseja superar o medo de falar em público e aprimorar suas habilidades de comunicação em diversas situações, como reuniões, palestras, aulas e workshops. Segundo a Forbes, 80% das pessoas não sabem se expressar ou sentem terror de falar em público. Uma pesquisa do LinkedIn revelou que a comunicação é a competência mais exigida em 12 milhões de vagas de emprego.

A comunicação eficaz é fundamental para o sucesso pessoal e profissional. Além de nos diferenciar dos animais irracionais, também foi e ainda é essencial para grandes conquistas globais, ou até mesmo situações do cotidiano que nos trazem felicidade. O Comunica e Transforma traz um método comprovado para transformar seu medo em confiança, permitindo que você se expresse de maneira mais clara e inspiradora.

O curso é composto por oito módulos, e cada um deles foca em aspectos específicos para a comunicação em público, desde a criação de roteiros magnéticos até a condução de reuniões e palestras com autoconfiança. Ao final do curso, você deverá ser capaz de aprender a adaptar sua fala ao perfil do público e usar o storytelling inteligente, evitando os erros clássicos que comprometem a comunicação.

Link para a página de compra
<https://tinyurl.com/sitecomunica>

CUPOM40%OFF-SMARTSKILLS

Aprenda, adapte e
transforme...

Capítulo 26

Mentoria AgileTech

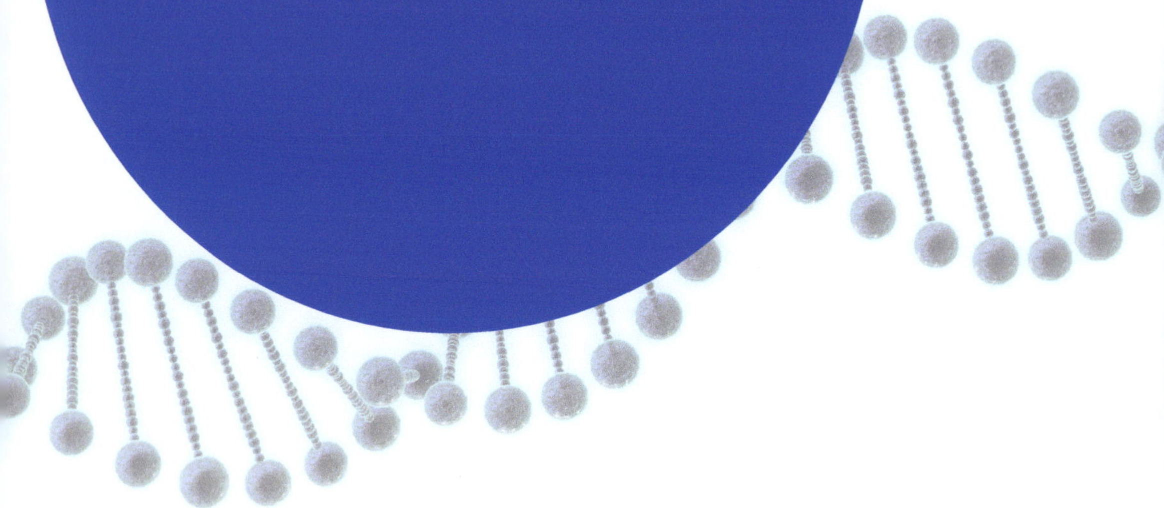

Requisitos para entrar no programa anual para acelerar carreira de líderes e profissionais AgileTech:

1. Experiência profissional maior que cinco anos
2. Comprometimento com seu crescimento
3. Essência colaborativa

Para nosso especialista avaliar se tem sentido a sua participação, mande e-mail para contato@advisor10x.com.br

Benefícios:

1. Troca de experiência em grupo seleto com 24 encontros
2. Mentoria individual com um encontro personalizado
3. Acesso completo aos cinco cursos apresentados
4. Recebimento em casa de kit com cinco livros aderentes ao seu objetivo principal.
5. Comunidade exclusiva com acesso direto ao professor Antonio Muniz
6. Prioridade em lives e palestras em eventos parceiros
7. Condição especial para lançar seu livro com a editora Brasport

Conheça os patrocinadores do livro

Advisor 10X

Somos referência em práticas ágeis, DevOps, SRE e qualidade de software com serviços de consultoria, mentoria, palestras, cursos on-line e alocação de profissionais especializados Advisor Prime.

Nossos clientes também multiplicam resultados com o método exclusivo **Advisor Fast**, que valoriza o repertório das suas equipes e respeita o contexto de cada empresa.

<https://www.advisor10x.com.br/>.
<contato@advisor10x.com.br>

Businessmap

A Businessmap é a plataforma de software mais flexível para agilidade em escala com foco em resultados.

Nossa solução consolida várias ferramentas em uma, possibilitando uma implementação orgânica em grande escala, visibilidade de todos os projetos/portfólios e alinhamento a objetivos, para entregar trabalho de qualidade mais rapidamente.

Aliado às nossas trilhas de capacitação e consultoria, entregamos uma solução personalizada com ROI excepcional.

<https://businessmap.io/>.

Dedicatória e agradecimentos

Agradeço a Deus pela concretização do meu terceiro livro solo e todas as bênçãos na minha vida e família!

Como sempre, o apoio da minha amada esposa Keila foi muito importante, assim como o incentivo dos meus amados filhos Lucas e Luísa.

Agradecimento especial para Thiago Trevisan e Vanesa Bustamante, por quem tenho profunda admiração como pessoas e profissionais. O prefácio de vocês tornou-se uma parte inspiradora do livro!

Tenho profunda gratidão pela minha super irmã Simone! Sempre lembrarei de todo o seu incentivo desde o primeiro livro, Jornada DevOps, que lançamos em seu aniversário, no dia 06 de junho de 2019, com 350 pessoas no Rio de Janeiro. As suas sugestões de melhoria na redação das ideias deixaram este novo livro ainda mais incrível! Te amo para sempre!

Agradeço ao time da Brasport que manteve o habitual nível de qualidade nos serviços gráficos, edição e revisão: Marina dos Anjos Martins de Oliveira e Monaliza Rosário.

Agradecimento também para Naldo Mickus e Gleyce Roberta pela diagramação diferenciada, assim como Fernanda Reis e Anderson Fernandes pelos ajustes nos textos antes da revisão final.

Agradeço a todos os amigos, familiares, leitores, alunos, mentoreados, colaboradores e clientes que sempre têm uma palavra de incentivo sobre as minhas iniciativas!

Sobre o Autor

Antonio Muniz é autor best-seller, empreendedor, mentor executivo e palestrante. Atua como CEO da Advisor 10x, consultoria técnica e acadêmica que ajuda empresas a multiplicarem resultados aplicando práticas ágeis, DevOps e Lean.

Sua formação tem uma base multidisciplinar em negócios, tecnologia e liderança, com mestrado em administração, MBA em telecomunicações, graduação em tecnologia e certificações em agilidade, Lean, tecnologia, projetos e serviços.

É fundador da Jornada Colaborativa, comunidade que une especialistas e executivos para escrever livros sobre tecnologia, gestão e carreira. Como iniciativa voluntária, a Jornada Colaborativa doou centenas de livros para instituições, somando os direitos autorais e a receita dos eventos em parceria com a Globo, Lojas Renner, Banco Pan, Banco Carrefour, Businessmap e Dynatrace.

Os royalties deste livro também serão doados.

Idealizador e coordenador do primeiro MBA executivo unindo agilidade, tecnologia e negócio.

Redes sociais:

in Antonio Muniz

antoniomunizofical

AgileTechCast

Referências Bibliográficas

ALPAÑÉS, E. Uma em cada dez pessoas entre 5 e 24 anos vive com pelo menos um transtorno mental diagnosticável, diz estudo. **O Globo Saúde**, 08 fev. 2024. Disponível em: <https://oglobo.globo.com/saude/noticia/2024/02/08/uma-em-cada-dez-pessoas-entre-5-e-24-anos-vive-com-pelo-menos-um-transtorno-mental-diagnosticavel-diz-estudo.ghtml>. Acesso em: 08 JUL. 2024.

CARVALHO, R. Por que o Brasil tem a população mais ansiosa do mundo? **BBC News Brasil**, 27 fev. 2023a. Disponível em: <https://www.bbc.com/portuguese/articles/c4ne681q64lo>. Acesso em: 08 jul. 2024.

CARVALHO, R. Por que o Brasil tem a população mais depressiva da América Latina? **BBC News Brasil**, 05 nov. 2023b. Disponível em: <https://www.bbc.com/portuguese/articles/czkekymmv55o>. Acesso em: 08 jul. 2024.

CENTER ON THE DEVELOPING CHILD AT HARVARD UNIVERSITY. **O que é Epigenética?**. Disponível em: <https://developingchild.harvard.edu/translation/o-que-e-epigenetica/>. Acesso em: 8 jul. 2024.

COSTA, J. Ansiedade e depressão são os principais vilões da saúde mental. **Senado Federal**, 28 nov. 2023. Disponível em: <https://www12.senado.leg.br/institucional/sis/noticias-comum/ansiedade-e-depressao-sao-os-principais-viloes-da-saude-mental>. Acesso em: 08 jul. 2024.

CSIKSZENTMIHALYI, M. **Flow:** a psicologia do alto desempenho e da felicidade. Rio de Janeiro: Objetiva, 2020.

EAGLEMAN, D. **Cérebro em ação:** a história detalhada da eterna reconfiguração do cérebro. Rio de Janeiro: Rocco Digital, 2022.

EAGLEMAN, D. **Cérebro, uma biografia.** Rio de Janeiro: Rocco Digital, 2017.

EAGLEMAN, D.; BRANDT, A. **Como o cérebro cria:** o poder da criatividade humana para transformar o mundo. Rio de Janeiro: Intrínseca, 2020.

GUPTA, S. **Mente afiada:** desenvolva um cérebro ativo e saudável em qualquer idade. Rio de Janeiro: Sextante, 2022.

HARDY, B. **Força de vontade não funciona:** um livro para quem já tentou mudar de vida muitas e muitas vezes sem sucesso. Rio de Janeiro: LeYa, 2018.

HEMPHILL, E. B. Uncomfortable (but Necessary) Conversations About Burnout. **Gallup Workplace**, Dec. 06, 2022. Disponível em: <https://www.gallup.com/workplace/406232/uncomfortable-necessary-conversations-burnout.aspx>. Acesso em: 08 jul. 2024.

JOHN, O. P.; SRIVASTAVA, S. The Big-Five Trait Taxonomy: history, measurement, and theoretical perspectives. In: PERVIN, L.; JOHN, O. P. (eds.). **Handbook of personality**: theory and research. 2nd.ed. New York: Guilford, 1999. Disponível em: <https://pages.uoregon.edu/sanjay/pubs/bigfive.pdf>. Acesso em: 08 jul. 2024.

LITTLE, B. R. Personal Projects and Free Traits: Personality and Motivation Reconsidered. **Social and Personality Psychology Compass**, vol. 2, n. 3, May 2008, p. 1235-1254. Disponível em: <https://www.researchgate.net/publication/227617676_Personal_Projects_and_Free_Traits_Personality_and_Motivation_Reconsidered>. Acesso em: 08 jul. 2024.

LOPES, D. C.; GEROLAMO, M. C. **Exercício de Avaliação de Traços de Personalidade (Big Five).** Para fins didáticos. Versão de out. 2018. Disponível em: <https://edisciplinas.usp.br/pluginfile.php/5081564/mod_resource/content/1/Exercicio%20de%20Avaliacao%20de%20Personalidade_Big%20Five_v%202018%2010%2022_v4.pdf>. Acesso em: 08 jul. 2024.

MUNIZ, A. **Antifrágil 10X:** unindo pessoas e tecnologia para multiplicar resultado$. Rio de Janeiro: Brasport, 2023.

ONU. **Custos globais com saúde mental excedem US$1 trilhão.** 10 out. 2022. Disponível em: <https://news.un.org/pt/story/2022/10/1803477>. Acesso em: 08 jul. 2024.

ROBINSON, B. Problemas de saúde mental lideram lista de acidentes de trabalho. **Forbes Brasil,** 10 out. 2023. Disponível em: <https://forbes.com.br/forbes-life/2023/10/problemas-de-saude-mental-lideram-lista-de-acidentes-de-trabalho/>. Acesso em: 08 jul. 2024.

SBCM. **Depressão será a doença mais comum do mundo em 2030, diz OMS.** 2009. Disponível em: <https://www.sbcm.org.br/v2/index.php?catid=0&id=1317>. Acesso em: 08 jul. 2024.

SCHULTZ, D. P.; SCHULTZ, S. E. **Teorias da personalidade.** São Paulo: Cengage, 2021.

STEEL, P. The nature of procrastination: a meta-analytic and theoretical review of quintessential self-regulatory failure. **Psychological Bulletin,** vol. 133, n. 1, p. 65-94, 2007. Disponível em: <https://psycnet.apa.org/record/2006-23058-004>. Acesso em: 08 jul. 2024.

WARE, B. **Antes de partir:** os 5 principais arrependimentos que as pessoas têm antes de morrer. Rio de Janeiro: Geração Editorial, 2017.

WORLD HEALTH ORGANIZATION. **World mental health report:** transforming mental health for all. Geneva: World Health Organization, 2022. Licence: CC BY-NC-SA 3.0 IGO.

Sobre a Brasport

Somos referência há 29 anos em livros de tecnologia, gestão e carreira.

Consulte o nosso catálogo www.editorabrasport.com.br

Nossas publicações estão disponíveis não apenas em livrarias físicas, Amazon e eventos, mas também em uma plataforma digital com 4 milhões de assinantes em 900 universidades e empresas.

Você sonha em lançar seu próprio livro? Envie sua proposta para avaliação do nosso conselho editorial e faça parte dessa história de sucesso.

administrativo@brasport.com.br

29 ANOS BRASPORT TRADIÇÃO & INOVAÇÃO